与原生家庭和解

墨 非 ◎ 著

中国华侨出版社
·北京·

图书在版编目（CIP）数据

与原生家庭和解 / 墨非著. - 北京：中国华侨出版社，2021.10
ISBN 978-7-5113-8526-0

Ⅰ. ①与… Ⅱ. ①墨… Ⅲ. ①家庭关系-通俗读物 Ⅳ. ①C913.11-49

中国版本图书馆 CIP 数据核字（2021）第 078809 号

● 与原生家庭和解

| 著　　者 / 墨　非
| 责任编辑 / 张　玉
| 责任校对 / 孙　丽
| 封面设计 / 天下书装
| 经　　销 / 新华书店
| 开　　本 / 710 毫米×1000 毫米　1/16　印张 /14　字数 /150 千字
| 印　　刷 / 香河县宏润印刷有限公司
| 版　　次 / 2021 年 10 月第 1 版　2021 年 10 月第 1 次印刷
| 书　　号 / ISBN 978-7-5113-8526-0
| 定　　价 / 45.00 元

中国华侨出版社　北京市朝阳区西坝河东里 77 号楼底商 5 号　邮编：100028
法律顾问：陈鹰律师事务所　　编辑部：(010) 64443056　　64443979
发行部：(010) 64443051　　　　传　真：(010) 64439708
网　址：www.oveaschin.com　　E-mail: oveaschin@sina.com

如发现印装质量问题，影响阅读，请与印刷厂联系调换。

引言

《我们与恶的距离》的作者在书中说过一句话："我们人生的很多问题，多半的源头都是原生家庭！"的确，原生家庭对一个人内心的和谐起着极为重要的作用，我们必须重视它，因为相比于肉体的创伤，精神世界中内在的撕拽拉扯，对人的消耗和影响更大。但这也并不是我们对原生家庭产生"怨恨"的理由。相反，这些"怨恨"会让你产生更大的痛苦，有碍于创伤的修复。我们真正要关注的是如何才能治愈自己，真正地负起对自我生命的责任。

如果用决定论的态度来看待"原生家庭"，认为所有过去不好的经历可以决定你未来的命运，那就严重偏离了生命的本质。心理学学者唐映红也认为："原生家庭对个体的影响主要反映在儿童期和青春期。进入成年期，个体面临着自己选择自身成长人生历程的情形，此后的人生轨迹和状态就不能简单地归咎于父母。即每个人在成年后都有着来自原生家庭的烙印，但如何对待以及发展取决于每个人自己的态度和选择。"这告诉我们，原生家庭创伤是完全可以通过后天一些行为去修复的。比如，有人通过在成年后重塑依恋关系来减轻原生家庭对自己的影响。在一个冷漠、暴力的原生家庭中，作为儿童的我们无法与抚育者建立稳定的、安全的依恋关系。成年之后，我们可以通过发展一段爱情、友情甚至与心理咨询师建立的职业关系，来重塑自己的依恋关系。在现实生活中，一些人通过治愈，重新定义了自己与原生家庭的关系，并寻找到了与原生家庭中的抚育者正确的相处模式。还有一些人通过拥有一个非常亲密的朋友圈、结婚或者生孩子，重新创建了属于自己的原生家庭。还有人通过离家求学、打工的方式，控制了自己与父母的物理距离，从而控制与原生家庭的心理距离，又通过更新自我的"内在系统"，重新找到了与原生家庭的相处模式。还有的人通过获取经济上的独立，从而慢慢地获得了精神上的独立，找到了与父母更和谐的相处模式……这些方式无不在说明，只要客观公正地看待创伤，通过有效的方式，我们完全可以在治愈自己的同时，与原生家庭达成和解。所以，如果你的原生家庭给了你黑暗的阴影，你完全可以亲手给自己点上一盏灯，驱走黑暗。

　　作家周冲说："原生家庭的烙印，不是恶性肿瘤，充其量，只是一场漫长的炎症，只要施救得当，就可抑制坏细胞的蔓延，甚至使之逐渐减少。"是的，原生家庭会带给我们伤痛，带给我们性格缺陷，但是我们可以通过让自己变强大的方式，跟原生家庭和解。这个过程，会让我们的创伤修复，更能让我们懂得人世间的有可为和不可为；让我们把更多的爱、柔软和仁慈传给自己的下一代，在此过程中，岁月曾经亏欠我们的，会以一种更为柔软而坚韧的方式补偿给我们。

　　这何尝不是一种圆满？

另外，在现代这样一个崇尚教育的时代，重视个人心理健康、修复个人心理创伤具有十分重要的意义。因为你，就是你孩子原生家庭的起点。我们身为孩子的父母，有义务更有责任给孩子创造一个健康的成长环境。美国教育家莎莉·路易斯在她的作品《唤醒孩子的才华》中写道："两年前，有人研究哪些因素能促使孩子在学习能力测试上得高分。智商、社会条件、经济地位，都不及一个更微妙的因素重要。那就是，得高分的所有孩子都经常与父母一起吃晚饭。"一家人，围着一桌美味佳肴，在轻松温暖的谈话氛围中，分享各自的悲欢与思考。这种时刻，爱意流淌，彼此心灵打开，大家互相看见，互相听见，情感的需求都得到满足，这就是最好的心灵教育的时刻。有了爱的满足，孩子的成长，就不会出现大的麻烦。即便有，在这样的家庭中，也能很好地去解决。

愿天下所有的孩子，都有一个充满爱的、快乐的童年！

目录

第一部分

生命中的"黑色阴影"：原生家庭与心理创伤

原生家庭对"自我意象"的塑造　/4

我们的大部分问题，可以在童年经历中找到根源　/8

被原生家庭不断强化的"人生脚本"　/12

原生家庭里藏着你的婚姻模式　/16

你的人际关系中，隐藏着原生家庭的烙印　/20

童年生活影响着我们的"幸福指数"　/24

会传染的"伤痛"：悲剧人生的代际传递效应　/28

与原生家庭和解，就是让自己负起责任来　/34

自我疗愈的前提：客观正视，勇于揭开"伤疤"　/38

"原谅"的背后，是对问题的回避　/43

自我觉察力：痛苦的根源，与真实自我的一种对抗　/47

接纳和拥抱伤害，并用它来滋养你　/52

合理地释放你内心的愤怒　/56

合理地释放你内心的悲伤　/60

积极地接纳自己，是自我疗愈的重要方法　/65

重构自己的"内在系统"　/69

第二部分
挖掘创伤产生的根源：在成长中获得治愈

每个人都有心理年龄：幸运的人一生都被童年治愈　/78

不堪承受的分离之痛："离开你，我活不下去"　/83

"安全感"缺乏者：内心大多藏着极深的恐惧　/89

控制欲者的焦虑：失控意味着内心世界的崩坍　/94

强势的人，内心大多住着一个"胆怯的小孩"　/97

总看对方不顺眼：可能是对方触动了你的"伤疤"　/101

自暴自弃者的痛：自信心在持续性的否定中被摧毁　/104

受害者心理：以"自我攻击"的方式向人索取　/108

坏脾气者的内心：被压制的愤怒，极容易被激发　/112

自卑者的自我救赎：了解根源，才能对症治疗　/116

自私者的思维逻辑：全世界都应按我的意愿来转　/123

虚假的"自我"：丝毫感受不到幸福和快乐　/126

缺乏主见者的悲伤：丢失的"自我"　/130

内心冷漠者：多数源于对获得爱的绝望　/134

讨好型人格：每一次讨好，就是在弱化"自我"　/140

回避型人格的形成：自尊受挫的小孩伤不起　/146

孤僻者的哀叹：归属感缺失的结果　　/151

"悲剧"的重演：你为何总是重复同一种"苦难"　　/156

孤独者的"独舞"：不停工作是为了逃避空虚感　　/160

悲观者的"自证预言"：走不出原生家庭的阴影　　/165

敏感者的"内伤"：一直暴露在外的神经末梢　　/170

"强迫症"者的纠结：如何重新夺回对生活的控制权　　/176

"妈宝男"的烦恼：内心像个永远长不大的婴儿　　/180

完美主义者的烦恼：被恐惧操控的人生　　/184

对成功深感恐惧者：恐惧的不是成功，而是成功带来的不确定性　　/189

焦虑型依赖症：缺爱者的内心挣扎　　/195

狂傲者的内心：充满了深深的自卑感　　/201

好面子者的内心：所有价值都建立在别人的评价中　　/206

第一部分

生命中的「黑色阴影」：原生家庭与心理创伤

著名的精神分析大师弗洛伊德认为：人的创伤经历，特别是童年的创伤经历，对人的一生都有重要影响。比如一个人在童年时期经历了父母离异，亲人离世，酗酒或成瘾，家庭暴力、冷暴力或其他各种程度的虐待，等等，都会带来不同程度上的心灵创伤，这些创伤就像"黑色阴影"一般，会持续地影响经历者成年后的性格、亲密关系、亲子关系、社交以及生活工作的各个方面。比如，小时候经历过父母离异的孩子，长大后可能会恐婚；小时候经常被暴力的孩子，长大后可能会暴躁易怒，不能很好地融入社交关系；小时候被忽视的孩子，长大后可能会不自信或者刻意讨好他人，无法活出自我；等等。这些伤痛可以被写在纸上，却无法与人言说。相较于外在的身体的疼痛与疲累，这种精神世界内在的拉扯，对人的消耗和影响更大……我们了解这些创伤产生的目的在于去通过有效的方法治愈它，而不是对原生家庭产生怨恨心理。"怨恨"的情绪对治愈自我只会产生消极的影响。要知道，我们每个人所处的家庭都是不尽完美的，父母也都是不尽完美的，包括未来要成为父母或已经成为父母的我们，在孩子面前也不会表现得极尽完美。所以，我们要以平静和客观的心态去看待这些创伤，这是自我治愈的前提。

另外，家庭治疗大师纽秦所说："理想的家庭不是不产生问题的家庭，而是产生了问题能够积极解决的家庭。就像人只要活着就有焦虑一样，只要有家庭就或多或少会存在家庭问题。在很多家庭中，亲子之间也免不了有些小摩擦、小冲突，但这些只要没有破坏亲子之间最基本的亲密感，都属于正常范围。"这也告诫我们，不要去过分地夸大原生家庭中的"伤害"，也不要过分地因为父母的一次无心之过而去过分地责怪他们。你要坚信：天下的每个父母都是爱孩子的，只是很多时候他们不懂得如何表达爱或者与你相处的方式出现了问题罢了。以客观公正的态度去看待创伤，才是自我治愈的前提。正如英国诺丁汉大学心理学教授史蒂芬·约瑟夫博士在其《杀不死我的必使我强大——创伤后成长心理学》一书中所说，心理创伤后成长的关键在于我们对心理创伤的理解。曾经的心理创伤并非必定终生流血，我们可以通过一点点的自我疗愈过程，到达幸福的彼岸，拥抱喜悦。

你要坚信：我们只有了解自己的过去，才能看清现在，并将过去留在过去，重建自我。最后，我们也要给天下的父母一些由衷的忠告：给孩子创造一个快乐的、充满无条件爱的童年，是给予他们最好的人生礼物，远比给他万贯家财更为重要，更弥足珍贵。一个人若只是守着万贯家财，若内心是满满的"伤痕"，无法使自己获得真正的幸福和快乐，那又有何意义呢？

原生家庭对"自我意象"的塑造

我们每个人感知世界的方式,首先都是从原生家庭开始,并渐渐地形成雏形。我国民间有句俗语是说一个人"三岁看大,七岁看老",讲的就是人的性格、秉性以及待人接物的模式,在出生后的几年时间里已经基本形成了。

自我们初来世界,便有了最基本的家庭关系:父亲、母亲与孩子,这也是我们最初的人际关系的构成。这种最初的人际关系对我们一生的影响是巨大的,正是在这些关系的体验中,我们形成了对自我的感知与评价,这些体验是最有可能会影响我们的一生,尤其是影响到我们后来的择偶与婚姻关系。

一个婴儿从出生开始,便开始了一场自我认知的革新运动。出生不久的婴儿虽然处于混沌的状态,但他的心灵具有吸收能力,充满了各种发展的可能性。一方面他需要充足的生理营养来保证身体的成长,另一方面更需要精细、准确的心理营养来喂养心灵。对来自外界的所有刺激性的信息,婴儿都能够毫无遮拦地吸收,几乎没有任何的防御与保护措施,当然这对于他们来说也意味着危险。如果他们吸收的信息是负面的、冲突的,充满矛盾的,婴儿便可能产生出矛盾、消极、不安的自我体验,这种感觉被不加区分地累积起来,形成了自我意象。

我们在生命早期的不同阶段是需要不同的心理营养的,如果被满足了，那么直接可以滋养到我们内心深处的渴望：被爱、被关注、被肯定、被夸赞、被欣赏、安全、自由等。如果没有被满足，我们终其一生都有可能会产生一些消极的自我体验，并且在以后的人生中寻寻觅觅，直到获得满足。而且，我们缺失的那部分需要我们加倍地满足才能够弥补回来。

尤其在婴儿出生的0～3个月，需要母亲和父亲去喂养它、帮助他和安慰他。他其实有诸多的需要，但是又不会说话，所以只能够通过哭声来表达，这就需要母亲、父亲等重要的亲人在身边无条件地接纳他，满足他的需要。同时，这些需求要持续到整个童年时期，如果父母不能够满足婴儿到童年阶段所需要的无条件接纳，他潜意识中就会对自己产生出"我不被接纳"的体验，可能会导致其终生都会不停地找寻，甚至会将他带入到未来的恋爱、婚姻中去找寻，从而给他成长之后的亲密关系带来困扰。

张爱玲是民国才女，才华横溢却个性孤僻。早年的时候，她曾经是上海滩当红的女作家，因为婚姻不幸，晚年漂泊海外，最终孤独离世，其凄凉的一生令人扼腕叹息。实际上，张爱玲人生不幸的根源在于她的原生家庭。

张爱玲出生于上海，其父母因为感情不和，经常吵架，有时还摔东西，这给她带来的是内心安全感的缺失。在她三岁时，母亲便抛下她远走欧洲游学，这也导致了她缺失了母爱。

母亲离开后，她与父亲过着相依为命的生活，父亲纵然有文才，会给她念诗，教她读书，还给她幼稚的作文眉批、总批，而且将她的作文装订成册。但父亲也是个脾气粗暴之人，动辄就会对她打骂，尤其是她的继母进门后。有时她与继母发生冲突，便被父亲毒打一顿，还被软禁在黑屋子里。此时的张爱玲恨透了自己的父亲，她寻找机会逃出张府，从此和父亲决裂。这段经历在张爱玲的作品中都有被提及。

离开父亲后，张爱玲曾投奔自己的母亲。后来她在自传体小说《易经》里提到过与母亲有关的情节，小说里写道："母亲回国探视在香港大学读书的琵琶。因为琵琶生活拮据，因此历史老师布雷斯代好心资助了她八百元学费。琵琶把这笔钱全部交给了母亲，母亲却一下子把这钱输在牌桌上了。而且母亲认为女儿必然以身体作了交换，便偷窥琵琶入浴的身体，试图发现异状。这件事，使琵琶感到羞辱极了。

张爱玲笔下的母亲从来不是伟大的形象，而是阴暗自私的。这也从侧面反映出她心目中，母爱的缺失和对母亲的失望，爱得越深，才会生出真正的恨。

很快，张爱玲又一次离开了母亲，在人生绝望之时，她便把所有的感情都倾注到文学作品中，她的作品《封锁》被胡兰成发现，自此两人开始交往。胡兰成被张爱玲的才情所吸引，张爱玲也被胡兰成的成熟所倾倒。那时，张爱玲明知胡兰成有家室，还比自己年长十几岁，但她依然不管不顾地嫁给了他。究其原因是张爱玲在胡兰成身上找到了久违的父爱。胡兰成可以说是她父亲的翻版，都是文采出众，又都是情场浪子。她给胡兰成的照片上这样写道："当她见到他，她变得很低很低，低到尘埃里，但心是欢喜的，从尘埃里开出花来。"在这段爱情里，张爱玲是极为卑微的，她一心爱着胡兰成，但风流成性的胡兰成不把她放在心上，他经常和自己的恩人范秀美出双入对。这让张爱玲很伤心，两人的婚姻走到了尽头。她主动写信给胡兰成解除婚约，并寄上 30 万元稿费，自此两人恩断义绝。

在胡兰成身上寻找的父爱已渐行渐远，孤独的张爱玲又开始在茫茫人海中继续寻觅。

1955 年秋天，张爱玲离开上海，不远万里来到美国，在麦道伟文艺营中结识了德裔作家赖雅。赖雅才华横溢，谈吐幽默，他身上那种成熟、稳健的风格深深地吸引了张爱玲。两人谈人生、谈文学，相见恨晚，越聊越投缘。

半年后，她飞蛾扑火般地嫁给了穷困潦倒的赖雅。当时赖雅 65 岁，张爱玲 36 岁，两人相差近 30 岁。婚后，他们的生活一度陷入困境，年老体衰的赖雅又数度中风，张爱玲不得不跑到香港、台湾写剧本为赖雅赚取医疗费和生活费。后来赖雅摔坏了股骨头，一度瘫痪在床、大小便也失禁，张爱玲不离不弃地悉心给予照料，甚至连母亲病危都没去看一眼。

此时的张爱玲又在赖雅身上找到了久违的父爱，她异常珍惜这段情感，不幸的是赖雅瘫痪两年后，还是离开了人世，空留张爱玲一个人回忆他们在一起的日子。

晚年的张爱玲离群索居，独来独往。她不接电话，不开信箱，吃着快餐食品，无论白天黑夜都开着电视和电灯，怕黑怕寂寞却又拒绝尘世间的一切打扰、热闹和烟火，直到离世。

她一生都在找寻童年中缺失的安全感和爱，可始终未能找到。

匈牙利著名心理学家玛格丽特·马勒认为，一个人幼年时期的心理需求（安全感和爱）没有得到满足，他自我的一部分会永远"卡"在那个地方，并在未来的人生中不断地寻求补偿。而张爱玲自小对父母之爱的缺失，让她在成年后极度地渴望获得爱。她找比自己年龄大的男性，便是对爱的渴望的表现。在自己的作品中，她也曾经坦露过自己的婚姻观："我一直想着，男人的年龄应当大十岁或者是十岁以上，我觉得女人应当天真一点，男人应当有经验一点。"面对两位比自己年龄大不少的男人，她付出了自己所有的爱，这种付出也是为了最大限度地获得，尽管她渴望获得的爱最终都化为了泡影，这些都是为了弥补童年缺失的父母之爱。

另外，父母自小对她的态度，让张爱玲在心中产生了"我是不被接纳"的自我意象，正是这种自我意象让她难以与两位男性长久幸福地相处下去，从而不断地重复父母的婚姻悲剧。

作家张德芬老师也曾经说过："在亲密关系中，我们都会无意识地把爱人当成小时候的父母，继续和他完成我们未完成的课题。"这也道出了原生家庭对自我意象的塑造作用。婴儿时期好的经历，会塑造出好的性情，而那些充满冲突的、矛盾的、伤害的经历却会暂时被压制在我们的潜意识中，从而在成年之后，影响我们的人际关系，尤其是亲密关系。

我们的大部分问题，可以在童年经历中找到根源

原生家庭对一个人人生的影响是极为重要的，甚至可以认为一个人身上所发生的大部分事情都可以在童年时期的原生家庭中找到原因。换言之，我们很多人的性情、脾性、人格的形成都是童年经

历塑造的结果。充满爱的、平静的、和谐的、充满欢声笑语的原生家庭，给婴儿或幼儿带来的是安定的、平和的与有序的内在世界，在这种环境中长大的孩子，能表现出极为稳定与有序的内在性情，他们内心安全感十足，富有爱心，情绪稳定，性情温和，情商极高，很容易受到周围人的喜欢。比如，一个在和谐环境中生活的孩子，其个性往往是温和的。其长大后，在其脑海中闪现的是"自己躺在床上，阳光洒进来，听母亲的歌"。与此相反的，充满冲突，比如父母经常争吵、父母一方经常酗酒、发脾气、暴力等不和谐的原生家庭，给婴儿或幼儿带来的是无序的、不安的、焦躁的内在世界，在这种环境中长大的孩子，普遍缺乏安全感，其性格也会较为古怪、偏执、不合群、情商低等。这就是瑞典心理学家卡尔·荣格所提出的：人的性情全扎根于童年，这种性情包括正面和负面的！荣格曾提出了一个心理学术语：阴影，指的是不能在阳光下呈现的心理，就会躲入阴影之中。人在童年时期所遭受到的负面感受，比如冲突、暴力、哀伤等都会躲入人内心的阴影即潜意识之中，在成长之后，就以诸多的方式将这种经历表达出来。

最近肖恩陷入了一片混乱之中，他的妻子正式向他提出了离婚，原因很简单：她实在忍受不了肖恩肆意宣泄的坏脾气。对此，肖恩也深感抱歉。在同事或领导面前，他一直都是一个平和的人，但一回到家中，他却总是忍不住会因为一点小事与妻子发生争吵。就在前一天下午，因为星期天带孩子去哪里玩耍的问题，他与妻子的意见发生了分歧。妻子建议上午带孩子到附近的公园去玩耍，这样可以节省出时间参加下午朋友的聚会。肖恩则非要带孩子到更远一点的海滩上去玩，以让自己享受更长时间的家庭乐趣，也可以借此放飞心情、释放压力，毕竟他最近的工作压力确实太大了。对此，两个人各持己见，互不相让，最终妻子提出让肖恩自己带孩子去海边，而自己则留在家里好参加下午的聚会。这让肖恩很不快，对妻子发了脾气，将家里的东西摔碎一地。随后，他像往常一样向妻子寻求谅解，却遭到了拒绝。妻子有自己的理由：每一次两人意见不合，肖恩就会向自己随意发脾气，他那突然爆发的愤怒与毫不留情地指责实在令她恐惧。事后，丈夫也能意识到自己的过错，会向自己寻求谅解，她早就受够了。况且离婚的念头已经在她心中酝酿了好多次，她不想再与这个情绪异常、脾气暴躁，而且难以为她带来快乐的男人再相处下去了。

面对妻子的不谅解，肖恩难受极了。这一次他走进了心理咨询室，想让心理医生给出好的建议，从根本上修复自己的内在，改掉自己的坏脾气，从而挽救自己的婚姻。

接受肖恩咨询的心理医生是一位中年人，他听了肖恩的烦恼和诉求后，问他说："能不能给我讲一下你的童年生活？"肖恩感到有些莫名其妙，对医生重申道："我是来解决情绪问题的，这与我的童年有何关系呢？"心理医生冲他笑笑，对他说："请你放松心情，只是和你随便聊聊。如果你觉得向外人倾诉童年生活感到冒失的话，那就让我来向你问问题，你只需要回答就可以了！"肖恩显得些许紧张的表情终于有所缓解，他对医生说："可以，先生。"

心理医生问道："你母亲的脾气应该不怎么好，是不是会经常喋喋不休地唠叨个不停！"肖恩答道："是的，先生！"

"你母亲遇到解决不了的问题或者是冲突性的事件，第一时间都会通过发脾气去宣泄内心的不满！是这样吗？"心理医生问道。

"是的，您是如何知道这些的？"肖恩惊讶地问。"我母亲是个个性急躁的人，无论做什么事都表现得很心急的样子。记得小时候每天早晨都会被强迫我们在规定的时间内完成起床、洗漱、吃早饭、上学的一系列准备，否则就会被她怒吼。另外，但凡她生活中遇到什么麻烦事或难以解决的问题，总是会向我们发脾气来掩饰她的无力感……"

"你的坏脾气的根源可能就出自这里！"心理咨询师道。

"这怎么可能，我妈妈尽管脾气不好，但她是个勤劳的、令人尊敬的人，我也很爱妈妈。"

这时，心理医生对肖恩的问题已经了然于胸，接下来他要通过一系列的心理干预，对他的问题进行治疗。

对于肖恩来说，妈妈固然是个令他尊敬的人，在现实生活中，他对妈妈也可能是百般顺从和赞赏，但事实上，妈妈早年的一些处理冲突的行为，给肖恩的潜意识中种下了各种"不安"的因素。在理智的状态下，这种"不安"成为不可向外界呈现的东西，无论这份"不安"的力量有多大，但他绝不允许让它在外界呈现出丝毫来。所以，在单位中，在同事和上司面前，肖恩无论面临怎样的工作压力，面对怎样的工作冲突，他都会克制自己，将那份"不安"掩埋得很深。但当他回到家时，在妻子和亲人面前，他的状态是放松的、随意的，这时遇到难以解决的问题或与人发生意见分歧时，那种面对冲突时"不安"的状态就会被激发出来，进而向妻子大发脾气。

随后，肖恩经过一段时间的心理咨询，细致地审视了自己的童年经历，承认了妈妈在处理冲突时向他乱发脾气的事实，并且理解了妈妈向他乱发脾气也是因为其内心充满着"不安"和对生活无力掌控的焦虑。于是，最终他觉得自己可以将内心的这份"不安"呈现出来，然后放下。之后，他对妈妈的尊敬和爱便更为充分地体现了出来。同时，当他再次与妻子发生冲突行为后，竟然可以让自己冷静下来，耐心地体察妻子的情绪，并极力去尊重她的各种选择。慢慢地，他的脾气真的变得更好了，对母亲的尊敬和爱便更为充分地体现出来了。同时，他慢慢地，与妻子的关系也得以修复。

在现实生活中，我们遇到难题都很难同自己的父母联系起来。但实际上，婴幼孩时期与父母的关系会对我们后来的生活产生极为重大的影响，我们的很多问题，大多可以在童年时期找到原因。尤其是那些灰暗的，难以在理性状态下呈现的无可言说的感受，大多来自你的家庭。这是一个真相，是必须尊重的一个事实。只要我们接纳了这一事实，客观地直面童年时期那些似乎无处安放的感受，并学着正视和接纳它们，也就完成了与原生家庭的和解，你的一些问题便可以得以顺利地从根本上解决掉。

被原生家庭不断强化的"人生脚本"

原生家庭对一个人一生的影响是巨大的，这不仅是被现代心理学反复证明的事实，也被20世纪的著名心理学家所证实。比如奥地利著名的心理学家西格蒙德·弗洛伊德便提出了"童年决定论"。在他看来，许多人成年时的问题，往往和自己的幼年经历有着莫大的关系，当然，这种理论是弗洛伊德在通过深刻的自我分析与童年经历建立起来的。他依稀记得,在他自己两岁半的时候,他就对母亲有了一种特别的依恋感,而父亲则成为一个剥夺了母亲之爱的人。因此,弗洛伊德对于父亲的情感产生了爱恨交织的矛盾心理,并且这种矛盾一直持续到成年时期,这大抵都源于对母亲的依恋。正是基于此,弗洛伊德提出了"俄狄浦斯情结"这一概念,也就是我们常说的"恋母情结"。在他看来,所有儿童在成长的过程中,都会不可避免地体验到这种强烈的感受,"恋母"或者"恋父",如果这种情结未能得到很好地解决,则会影响未来人格的形成与发展。同时,弗洛伊德还强调,成人的人格缺陷,往往来自童年的各种带有冲突的、不愉快的经历,"幼儿经验"对一个人的整个人生都有着极为深远的影响。

另外,艾瑞克·伯恩是美国一位著名的心理学家,他也指出:一个人的原生家庭对一个人的一生有着决定性的影响,为此,他提出了著名的"脚本论",具体指的是,我们每个人都有自己的人生脚本,这个脚本在我们每个人的6岁之前就已经写好了,而且很难更改。在我们6岁之前,通常就会按照这个写好的脚本来演绎自己的人生故事。按照伯恩的说法,我们的"人生脚本"就是"潜意识对一生的计划"。后来,他又补充说,我们童年时期针对一生的计划,是被父母在生活经验中不断强化的结果。通俗来讲,人生脚本理论认为,每一个人都早在孩童时代就为自己的一生制订了特别的计划,这个计划不只是一个人对世界整体的看法,而是被安排得像一出戏:有明显的开场、剧情和结尾,人的一生都是按照这个剧本的剧情在预期地不断上演。如果真是如此,那么我们所有的人在6岁之前是我们人生的原型,而在6岁之后我们都成了演员。我们用6岁以后

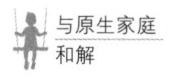

的人生，不断地上演 6 岁以前的故事。

在伯恩看来，一个人童年时期的"人生脚本"是原生家庭中的父母或抚养他的人所赋予的。相较于成年人的父母而言，处于童年时期之前的儿童是极为弱小的，他们如果要活下来，就离不开父母的养育。儿童为了获得被养育的需求，就必须让父母开心，并且尽可能地满足父母的要求，得到父母的认可。他们不会无视父母对他们的要求，如果他们看到父母因为自己不开心或者不满意，就觉得是一种灾难。所以，他们必须对父母的要求言听计从。孩子对父母的这些要求内化到我们的内心世界所形成的行为规范便形成了个体一生的"人生脚本"。

在男友心中，张佳是个情绪极不稳定的女孩儿。两个人在相处时，总因为一点鸡毛蒜皮的小事而发生争吵。比如两人逛商场时，张佳要买一个发卡让男友给意见，男友只要表达出对那个发卡不满意的意见时，张佳便会对他大发雷霆，觉得男友根本不够爱自己，觉得他表达对那个发卡的不满意，是因为不愿意在自己身上花钱罢了。男友也觉得很无奈，他只是如实表达自己的意见而已。于是，两个人便发生争吵，甚至因为严重争吵到几乎要分手的地步。诸如此类的争吵有很多次，面对这样不断重复的困境，张佳与男友都极为痛苦。

男友也觉得每次张佳意识到两人关系受威胁时，总想更进一步控制他，或是莫名的吵闹，总让他觉得喘不过气，压力很大，甚至有想逃开或放弃的冲动……这样彼此透不过气的互动，也是张佳所不愿看到的，但是就是因为她太爱男友，因为担心失去他，而不自觉想尽办法让男友留在她身边……

从伯恩的人生脚本角度来分析，张佳总是在不自觉地陷入自己的脚本中，反复地演出脚本中的情节，然后再按照脚本中的情节一步步地演出结局。张佳的父母是生意人，常年在外忙碌，总是忽略她，于是，在她幼小的心灵中就为自己设定了一组"没有人爱我""我是不重要的"脚本信息。

这一天，男友可能是因为张佳还在睡觉，所以自己先出去吃了早餐，这个情景，就触动了张佳的脚本机制，张佳潜意识地自动化反应，"因为你没有等我就先去吃早餐，你根本不爱我……"于是便开始无休止地吵闹，如果因此引发了男友的愤然离开，那也印证了张佳脚本的结局："我是不重要的""没有人爱我"。

受父母行为的影响，我们每个人自小都在写下自己的人生脚本，在长大之后，所有遇到类似的情景后，便会不自觉地启动脚本开关，然后按照经验脚本的内容，不断地回放验证最终的结局。就如张佳与男友的关系，如果张佳不自知，不懂得通过深刻的内省去找到造成这种行为的心理原因，并且主动去治愈自己，最终的结果就是男友离她而去。然后，她再接着找一个男友，再不断地重复类似于这样的戏码，继续在类似于这样其实跟"爱不爱"没有关联性的情境中无理取闹，最终无法真正地享受爱情的甜蜜和获得爱的满足感。这就是原生家庭对一个人的巨大影响。积极的、充满爱的原生家庭会让孩子写出好的"人生脚本"，而不被关注的、冷漠的或充满冲突的、不和谐的原生家庭也会促使孩子写出不好的"人生脚本"，进而影响其一生。所以，在现实生活中，我们要懂得通过自省去发觉自我的"人生脚本"，去挖掘出自我内在的心理问题，然后再通过有效的方法进行自我治愈。

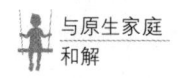

要知道，解决问题的前提是发现问题。那么，在现实中，我们在怎样的情况下会陷入"脚本"剧情之中呢？当成年之后的你，会不自觉地重演婴幼儿时期所做出决定的计划，尤其是当此时此地的情境和童年时情境类似的状况下，或是当下的处境对你造成压力时，我们就会不由自主地让自己"进入脚本里"，期待能透过反应来解决小时候没有解决的问题。比如一个人在遭受批评的时候，便会不由自主地心里发慌，进而将要完成的事情做得更为糟糕。因为此时他已经不自觉地将批评者的角色投射到儿时父母角色中，表现出小时候因为家庭作业出差错受到父母训斥时的反应，进而在恐慌中写出更糟糕的家庭作业来。这就是他在重演童年时所写下的脚本的内容。

实际上，当你发现自身问题的时候，就要学着采取有效的方法进行自我治愈，而不是放任随之任之，让自己不断地在"悲苦"或"痛苦"中重复自己的人生。

原生家庭里藏着你的婚姻模式

关于爱情，张爱玲有一句名言："于千万人之中遇见你所遇见的，于千万年之中，在时间无涯的荒野里，没有早一步也没有晚一步，恰巧遇见了。"芸芸众生，千万人之中，为什么我们会偏偏喜欢上那么一个人，或者说，是什么在影响着我们的择偶标准呢？实际上，你会喜欢怎样的人，会有怎样的婚姻模式，可以在原生家庭中找到原因。

在现实中，很多人都有过这样的感受：接连谈几次恋爱，最终会发现自己所喜欢的人身上都有某些相同的特质，而这种特质，与其原生家庭有着千丝万缕的联系。

今年36岁的柳红是一位职场精英，至今有过三段恋情，但都无疾而终。她发现自己每次找的男友，都是同一类人。

前三任男友都是让自己诟病的人，能力不如自己，感情上受过情伤，而且脾气暴躁，很需要女人抚慰，自己在这三段关系中，完全像一个拯救者。和第一任男友分手，是因为对方喝了酒后与她发生了冲突，并且对她动了手；她离开第二任男友是因为对方背着自己与其前任女友偷偷约会；第三位男友算是对她体贴和温柔，但因为经济窘迫，曾几次三番地伸手向柳红借钱。记得最后一次，男友又伸手向她借一笔数额较大的钱款，说是看中了一个项目要创业。可柳红觉得那个项目根本不靠谱，随后两人发生了争执，以分手告终。

对此，柳红也很是伤心，她曾向朋友哭诉："为什么每次受伤的都是自己，但每次都会好了伤疤忘了痛，明明想着不要再受伤害，还是屡屡犯下同样的错？"

在闲聊中，朋友从柳红的原生家庭中找到了答案。在柳红1岁的时候，妈妈便和爸爸离了婚，自那时，她便跟爸爸相依为命。爸爸是个本分的男人，与妈妈离婚后，他也没再婚，一个人把柳红养大，培养成人。在柳红的印象中，爸爸很爱自己，但对她极为严格，尤其在学习方面。自离婚后，爸爸就把柳红当成自己唯一的希望，渴望她成绩优秀，能够考上好的大学。所以，每次柳红只要考试成绩没达到爸爸的期望，便会被爸爸给予严厉的惩罚，比如让她在雪

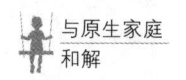

地里站一小时，或者面壁站立一小时，在心情不好的时候甚至还会动手打她。

后来在心理学家的帮助下，柳红也终于意识到，原来她并不爱那些"前男友"，而是在潜意识里，她想找到一个爸爸那样的人，以满足和享受她童年时期对爸爸依恋的那种美好的感觉；同时，她还想去改造他，想修正童年时期被父亲严厉的压制或暴打的错误。所以，她不断地找与父亲相似的男人，想改造他们。于是亲子关系便在她的爱情中奇迹般地轮回了。

很多时候，我们的亲密关系、婚姻和情感模式往往来源于童年时期与父母之间互动的心理经验，这些经验包括父母的相处模式、思想观念、性格特点、行为方式、夫妻关系、教养方式等。一个人在原生家庭中有缺失的部分，往往会在成年之后拼命并且加倍地找回来，甚至带入未来的恋爱、婚姻中，为亲密关系带来困扰。而一个人在原生家庭中被满足的部分，又往往会被我们在成年后去模仿或依恋。同时，原生家庭还可能影响我们之后的婚姻模式。

苏珊在大学毕业后就与男友结了婚，如今过去五年，最近两人却因为感情问题准备离婚。这让苏珊很是痛苦，她觉得自己的状态糟糕透了，几次都有过轻生的念头。直到她去找心理咨询师，才揭开了她内心隐藏的伤痕。

原来，苏珊自小父母离异，她跟着母亲长大。母亲在离婚后曾又找过两个男人，最终都以分手告终。为此，苏珊母亲一直将她视为累赘，觉得自己过得不好，都是因为她的存在。于是，母亲对她极为苛刻，尤其是不顺心的时候，总喜欢骂她以泄愤。

苏珊一直都在原生家庭的苦海中挣扎，直到上了大学她才算缓了口气。后来，在大学遇到她现在的老公，她觉得自己的生命中多了一些亮丽多彩的风景，她把他当成一根救命稻草。她把自己在原生家庭中不曾得到的那些爱与希望，全部都投射在了老公的身上。

毕业后，更是毅然决然地嫁给了他，并且留在了老公所在的城市。此后便极少再与母亲有过来往。所以，当老公提出离婚时，她的全部依靠和希望瞬间化为泡影，才会陷入绝望。而且，正是她的这种对老公太过依赖的心理，才让他们的婚姻走向终结。在婚后，她将一切都寄托在老公身上，她内在的安全感极度地匮乏，总是没事找事般地忍不住向老公发脾气。总觉得老公不够爱他，甚至还翻看他手机的通话和聊天记录，想要掌控他的一举一动……

直到她走进了心理咨询室才知道：原来，并不是老公抛弃了自己，而是她在无意识地复制了父母的相处模式，逼走了他。当初，妈妈身边的男人就是因为忍受不了她的抱怨和责难才一个个地离开了她。

对于苏珊来说，不稳定的家庭与父母不稳定的情绪，使她在小时候经常处于心理恐慌之中，使她极度地缺乏安全感。

我们每个人都带着原生家庭的烙印，我们在恋爱状态时会因为身体中分泌的荷尔蒙的蒙蔽和自我约束，而暂时看不到这些烙印。但是在婚姻漫长的岁月中，它们必然逐渐地显现，直到我们不断地找寻、修补和愈合。那么，可能会有人觉得自己的父母自小没什么文化，自己身上也有原生家庭带来的"伤痕"，那岂不是一生都难以摆脱这种痛苦了？实际上，原生家庭的伤痕是可以通过自省，然后慢慢地治愈，并且重获幸福的人生的。

曾经历过一次婚姻的丽莎，曾经在第一段婚姻中痛苦不堪。丽

19

莎知道一切都源于自己过于强硬的个性，经常因为一些小事与丈夫和婆婆争论不休，不争出个对错，决不罢休。丈夫实在忍受不了她执拗的个性，便与她离了婚。

后来，丽莎觉察到了原生家庭对自己的影响：母亲也是个极为强势的女人，不仅事业成功，而且做事风风火火，总认为对的就要当面与人据理力争，这让丽莎也复制了这样的个性。在离婚后，丽莎也觉察到了原生家庭对自己的影响，开始不断地反思自己，并且开始学习心理学。最终摆脱了原生家庭的烙印，再次走进婚姻，过上了幸福美满的生活。

一个人有着怎样的恋爱和婚姻状况，早在原生家庭与童年的经历中便被埋下了种子，但这颗种子最终能够开出什么花、结出什么果，主要看我们以怎样的方式去滋养。好的婚姻，需要双方都能通过觉醒意识到自己的问题，然后通过有效的疗愈方法，斩断原生家庭带给我们的负面影响，不断地完善自我，从而收获属于自己的幸福。

你的人际关系中，隐藏着原生家庭的烙印

原生家庭也深刻地影响着一个人成年后的人际关系。我们每个人出生后与父母建立的联系就是人生中的第一段人际关系，所以父母与我们的互动模式与沟通方式便会深刻地影响我们的一生。

林林是一个小女孩，爸爸常年在外工作，只有在节假日的时候

才会回家看她。她与妈妈在一起生活，那时候家里有一台缝纫机，为了补贴家用，妈妈经常用它来给工厂做些缝缝补补的活儿。在平时，妈妈为了赶活儿，很少和林林交流，林林通常都是自己一个人趴在地上玩耍。每隔一段时间，厂里面的人就会过来取衣服，并付钱给妈妈，这个时候，家里的缝纫机就会停下来。很多次，有位来家里的男人为了少付钱，会跟妈妈发生激烈的争吵，有时候还会说一些极为恶毒的话，妈妈也会以同样的方式回击。林林看到妈妈与男人互动的方式，给她幼小的心灵中留下了极为糟糕的印象。

就这样，年复一年，日复一日。林林终于长大了，她患上了强迫症，妈妈带她到医院找心理医生。医生发现林林的强迫症是嘴巴不断地重复发出"咕咕咕"的声音，然后就是手和脚做一些旋转的动作，医生不能理解这些毫无意义的声音和动作，在了解了林林的成长经历后，才意识到，她嘴里发出的声音就类似于缝纫机发出的声音。另外，林林平时很少见到爸爸，她生活中最常见到的男性的形象并不友好，尤其对妈妈的态度很是恶劣。这些都让她产生了不安和慌乱感，而只有妈妈一个人在做衣服，即家里的缝纫机响起的时候，林林才能感受到安全。所以，林林长大后，会通过发出缝纫机相同的声音并做出与缝纫机相同的动作时才能获得安全感。另外，在林林上幼儿园后，表现出孤僻的性情，极少与同龄小朋友进行交流，这与妈妈自小与她沟通交流得少有极大的关系。

自小，我们与妈妈的关系最为亲密，因为自十月怀胎起，我们就通过脐带与妈妈相连，妈妈是我们最亲密的人，即便在出生后剪断了脐带，但我们心理上的脐带也很难剪断。尤其在3岁之前，妈妈对于刚出生的我们顺利地存在这个陌生的世界起着极为重要的作

21

用。新的精神分析派人士普遍认为，母亲对孩子自我的影响是决定性的。所以，民间有类似的说法即"一个好妈妈，受益三代人""爸爸熊，熊一个；妈妈熊，熊一窝"等。在三岁之前，父亲对孩子的直接影响并不大，他的主要作用是支持母亲，竭尽全力地分出精力来照顾宝宝。

在3岁以后，我们对爸爸的介入逐渐产生了意识，我们开始学着对除妈妈之外的由其他人和物构成的世界感兴趣，所以，我们与爸爸的互动关系代表着我们与世界互动的关系。从这个角度上讲，母亲影响的是我们未来与人在情感上的交流和沟通。换言之，在人际关系方面，如果我们有沟通、情感交流方面的问题，尽力从与母亲的关系上去找。而父亲影响的是我们与事业、工作创造力以及财富方面的连接，影响我们梦想、事业和财富目标的达成。

另外，原生家庭对我们人际关系的影响，还主要表现在以下几种情况。

其一，你与父母之间的互动模式。

比如你的父母经常争吵，你与配偶很可能也会争吵，在潜意识中我们希望借着重复那些事情得到更好的结局。

其二，未成年之前父母对你的态度。

在个人成长过程中，如果父母经常对你进行训斥，会降低你的自我价值感，长大后你可能比别人更容易有激烈的情绪反应。比如，自小有被过度惩罚经历的小孩，会比较容易向人施暴，去欺压别人；有被父母高压控制的小孩，长大后不太能体会自己的真实感受，很容易陷入孤独和空虚中，等等。

美国斯坦福大学心理学教授曾做过这样一个心理学实验：将一

只刚出生的小猴子放在一个笼子里面,笼子里有两个"猴妈妈",一个是用钢丝做的,一个是用棉布做的。这也意味着,这只小猴自小生长在一个没有任何沟通的极为冷漠的环境中。另外,实验人员又在钢丝做成的"猴妈妈"身上放一个奶瓶,然后观察这只刚出生不久的小猴。最终发现,小猴大部分的时候都在棉布做成的"猴妈妈"身上,这说明小猴自小都在寻求"被爱的、舒适的感觉",而它只有十分饥饿的时候,才会到钢丝做成的"猴妈妈"身上喝几口奶,再立刻跑回到棉布妈妈身上。

在这种极为冷漠的环境中,这只猴子长大之后有着怎样的个性特点呢?

未曾获得足够爱与呵护的小猴子,首先会感到恐惧。在笼子里,只要它稍微听到一点声音,便会立即竖起猴毛,惊慌失措。其次是性格极为敏感、易怒,尤其是跟其他的小猴子在一起的时候,甚至会出现暴力的倾向。再次是会感到孤僻和不合群。在这种"病态"环境中长大的这只小猴子后来也生了自己的"孩子",但它在生下小猴子后,也会采取不理不睬的冷漠的方式对自己的"孩子"。同时,将成年后的猴子放进猴群中,它则不断地流露出恐惧、仇恨、逃避的眼神,有时候还带着乞求,并且会小心翼翼地去接近群猴。

以上的心理学实验也证明了,父母对孩子的态度,直接影响其成年后人际关系的好坏。在孩子成长过程中,父母若能无条件地给予孩子充足的爱与呵护,那孩子成年后在人群中一定是乐观、开朗和充满爱心的。反之,如果孩子在极为冷漠的环境中长大,那他的内心也一定是孤僻、不合群的。

童年生活影响着我们的"幸福指数"

哈佛大学最受欢迎的教授泰勒·本一沙哈尔博士指出，幸福感是衡量人生的唯一标准，是所有目标的终极目标。但是，很多人在生活中，明明有不错的物质条件，有令人羡慕的家庭，却难以让自己获得幸福。比如，他们经常会莫名其妙地控制不住自己的情绪，向旁人发脾气，与人争吵，尤其在亲密关系中。这些人可能读了许多掌控自我情绪的书籍，也学了不少减少内在冲突的技巧，却始终没能解决根本问题。实际上，除了外界因素直接带来的内心冲突外，原生家庭也是影响个人幸福指数的一个重要原因。

张晓敏，一位足够优秀的人：名校毕业，是一家颇有实力的外资企业高管，收入不菲；她的老公也是一个能力出众的人，是某投资领域的掌舵人。在北京有房有车，而且有一个可爱的女儿。这样的婚姻，在外人看来一定是幸福美满的。但实际上，张晓敏感到痛苦，他们夫妻两人经常为小事吵架，有时还会长时间冷战，有时甚至一两个月都没有任何交流。为此，他们经常闹离婚，但两个人分分合合，折腾了好几年，都痛苦不堪。更重要的，张晓敏也发现，她与丈夫的关系已经严重地影响到自己女儿的身心健康了，为此，她与丈夫共同走进了心理咨询室。

在咨询刚开始时，张晓敏与丈夫都觉得，造成两人如今的局面，都是对方的错，于是便相互指责。当心理咨询师了解了他们的原生家庭时,两人之间矛盾的核心问题才浮出水面。

原来,张晓敏出生在一个思想观念较落后的地区,她的父母有很严重重男轻女的思想,自小父母只重视弟弟,而经常忽略她的存在。家里有什么好东西,都是先给她弟弟,而自己只有羡慕的份儿。有时候,她在外面受了委屈,母亲也经常会埋怨她没用。后来,父亲患病去世,母亲带着她和弟弟再婚,与继父在一起过日子,家里的矛盾重重,常常因为小事大吵大闹。那时候的她,常觉得自己生活在恐惧中,极少感受到父母的关注和爱。

张晓敏的丈夫也有一个极为糟糕的原生家庭。他说,自小记事起,父母就经常闹矛盾。他的童年也总是在见证父母吵架、冷战和相互背叛的过程中。他曾清楚地记得一个场景:父母在家里吵得不可开交,他贴在墙角号啕大哭。

张晓敏自小学习成绩优秀,完全是为了逃离,为了能尽快离开那个令她感到恐惧的"家"。幸运的是,她考上了不错的大学。她的丈夫也够幸运,考上了重点大学,有了一份令人羡慕的工作。

他们刚结婚时,都曾暗暗下定决心,一定要给未来的孩子足够的幸福和快乐。抱着这样的愿望,两人很快凭借自己的努力买了房子和车子。但夫妻两人的矛盾则不断地升级,经常吵架,有时候甚至会当着孩子的面吵。渐渐地,他们都发现孩子也开始变得不再快乐,两人又自责,又困惑:两人经济收入都不错,实力也相当,为何总会忍不住要吵架呢?为何还让孩子去体验他们童年时的痛苦?

通过详尽的心理咨询,他们发现,原来是童年时期的经历让他们塑造了"我不被接纳"的自我意象,进而破坏他们本该幸福的生活。他们在自我意识上,都在竭力地追求幸福,但潜意识让他们已经适应了那种争吵、冷战的生活环境，也就会固守着旧有的内在模式。一个自童年时期不快乐的人，在成年后若不能通过自我修复，学着与自己"内在的小孩"对话，就只能继续做一个不快乐和不幸福的人。

张晓敏和丈夫在意识上都想努力给孩子营造好的环境，但他们婴幼儿时期的生活是痛苦、悲伤、孤独的，他们的潜意识已经习惯了这样的体验，渐渐地内化了他们的心理模式，即便是长大后，物质条件得到大大的改善，但那种深处骨髓的内在模式没有发生实质性的变化。于是，一旦潜意识觉得他们要过上幸福生活了，心底就会泛起恐惧，无法承受对原生家庭的背叛，自己便会莫名其妙地开始折腾，将原本一切美好的生活搞得一团糟糕，让彼此痛苦不堪，强迫性地重复着童年时期的体验。

一个人在童年时期缺失关注和爱，因而过得不快乐，将深刻地影响成年后的"幸福指数"。除了童年时期他们形成了不快乐的心理模式外，比如张晓敏和丈夫的问题，还有一个原因是童年时期父母的一些不恰当做法，让他们产生了深刻的恐惧心理。如果成年后去刻意改变，便意味着对童年生活的不忠诚，即背叛，而背叛就要受到惩罚。因为害怕受到惩罚，所以，他们不敢背叛原生家庭，不敢轻易背叛父母，因而不敢改变，也不敢幸福。在意识中，他们会觉得是现实生活中这样或那样的原因致使自己的生活变得痛苦不堪，但本质上，是他们的潜意识不让自己感觉到幸福。

在现实生活中，有些夫妻之间会因为一些鸡毛蒜皮、无关紧要的事情发生冲突和争吵，但过后他们往往都不知道两人究竟是在争吵和纠缠什么。两人常因为一些小事去破坏夫妻感情的实质是：这些导火索都是他们自己制造出来的，打着为了让对方变得更好或生活变得更好的旗号。殊不知，这样做其实是自己在给自己制造不快乐，是潜意识让自己回到早年那种纠缠和痛苦的状态中。

当弄明白了矛盾产生的心理根源后，便等于找到了消除自身坏情绪的阀门。在生活中，我们就要懂得及时进行自我觉察，然后勇于让自己突破旧有的心理模式，打破自我设置的篱笆墙，及时去抚慰内在的那个"不快乐"，重构新的心理模式，让心灵真正地获得成长和力量，进而获得真正的幸福和自由。

一个人童年时期因为没有获得足够的关注和爱，过得不快乐、不幸福的人，可能取得世俗意义上的成功，但内心难以感受到真正的幸福和快乐，或者幸福感指数受局限，现实中有许许多多这样的人，比较极端的例子如希特勒。

阿道夫·希特勒，奥地利裔德国人，是第二次世界大战的发动者。他的童年也充斥着各种不幸。他的母亲在生他之前，已经夭折了三个孩子，所以母亲对他很是疼爱。而他的父亲是个海关官员，退休后终日酗酒，性格极其暴躁，动辄便对他拳打脚踢，用马鞭乱抽。因为不堪忍受暴力，希特勒在14岁时便离家出走。希特勒后来也提到：我从来没有爱过我的父亲，因为我很怕他，他的脾气真的很坏，经常用鞭子抽我。在这种充满暴力的家庭中长大，希特勒压抑着童年经历带给他的心灵创伤，让他时常陷入极大的痛苦中，并将这种痛苦转嫁到了他的政治生涯中。

希特勒一生没有结婚，他与一些女人的亲密友谊通常会因为他做出的一些反常行为而使彼此的关系中断，同时，希特勒曾经的情人们与他在一起也是备受折磨，所以与其关系亲密的女人，都会以自杀或者试图自杀来回应他。这也说明，希特勒在将童年的痛苦转嫁到其亲密关系中。

奥地利心理学家阿尔弗雷德·阿德勒说："幸运的人一生都在被童年治愈，不幸的人用一生治愈童年。"说的就是原生家庭对个人"幸福指数"的重要影响。"让自己幸福"是每个生命所承载的一个重要责任，而一个快乐的童年，则会使我们在成年后更容易体味到幸福和快乐，这也意味着拥有了享受幸福的优先权，且无论在怎样的境况下，都会使我们充分地享受人生。而如果我们没有这样的童年，就要懂得提升自我体察的能力，通过后天不断地修复内心的"创伤"来治愈自己，从而让自己拥有快乐和感知幸福的能力。

会传染的"伤痛"：悲剧人生的代际传递效应

弗兰克·卡德勒说："生命中最不幸的一个事实是，我们所遭遇的第一个重大磨难多来自家庭，并且，这种磨难是可以遗传的。"比如，小时候遭遇过暴力事件的人，长大后对待自己的孩子，也会在无形中受到父母的影响，激烈、暴戾，每一次在情绪失控之后，都会对自己心生厌恶。这告诉我们，原生家庭给人带来的影响，像一场连环追尾车祸，它不仅会影响到你自己，而你自己如果不及时进行积极的心理干预，则会传递性地影响到你的孩子。这道出了原生家庭"伤痕"的代际传递效应。

有这样一则感人的报道：

第一部分 生命中的"黑色阴影":原生家庭与心理创伤

一位叫切里的电影制片人,父亲在10年前去世了。

当年,他在清理父亲的遗物时,发现了一些"特别的"东西,那是一堆贴着奇怪标签的磁带盒子。但是,母亲并不想给孩子们看。她说,这些遗物太"成人",你们还太过年轻。他猜想,那东西很可能装着大人们的秘密,虽然好奇,但再没向母亲索要。

10年过去了,切里已经30岁了,有一天,他突然向母亲提及此事。没想到,母亲这次极为爽快地将父亲留下的磁带给了他。心情复杂的切里打开磁带,不过,事实并不是他所想的那样,里面全是一男一女极为激烈的对抗和争吵的声音。那个男人正是切里的父亲,而女人则是切里的奶奶。切里感到震惊,他从来不知道父亲与奶奶竟然有着如此糟糕的关系。争吵时,话语间完全是火药味,与自己记忆中的父亲和奶奶的形象完全是两样。

切里的母亲这才告诉他,这些磁带是他父亲生前最大的秘密。

切里的父亲叫杰西,出生于一个普通之家。杰西的父亲是飞行员,母亲是家庭主妇,别人看这个家庭幸福异常。但杰西的母亲是个脾气暴躁的女人,家里只要有哪个孩子不听她的话,便立即会大发雷霆,然后将家里的三个孩子都痛骂一遍,言语极为尖酸刻薄。

有一次,杰西跟同学出去玩,回家晚了一点儿,为避免挨骂说了谎,不料却被母亲当场识破,并且狠狠地暴打了他一顿。他脖子上那道又长又深的伤疤,则是当年母亲打他时留下的。

因为母亲的暴躁,杰西和几个兄弟在母亲面前都如履薄冰,童年过得极不开心。

对于母亲的暴躁、易怒和苛刻,杰西一直无法理解,直到他成为一名警察,接触到了心理学。还有一个偶然的机会,杰西听亲戚说起，母亲的父亲，也就是杰西的祖父，就是一个脾气暴躁的人，并且有极为严重的家暴倾向，在母亲小的时候，就经常动不动就打她。有一次因为一件小事，他竟然拿起桌上的水果刀扎在母亲的胳膊上。这个发现让杰西极为震惊，他担心不幸的家庭会轮回，他害怕自己也会成为一个暴躁易怒、打骂孩子的父亲。

杰西想努力斩断这一轮回，让家族暴力在他这一代结束。于是，在结婚之时，他就跟妻子，也就是切里的母亲达成了统一意见：无论怎样，都不能当着孩子的面争吵，不能打骂孩子。给孩子一个没有打骂、没有伤害的新的原生家庭。

为此，杰西付出了巨大的努力，努力地克服自身的情绪和情感缺点，努力跟孩子形成融洽与温暖的关系。他自学了木工课和机械维修，把家里弄得很整齐漂亮，也希望孩子们动手参与。他还带着切里每周去一个小型机场，想让教他开飞机……面对孩子们的犯错行为，杰西也会面目狰狞地想发脾气，可是他用毅力提醒自己要控制，一旦开始让情绪肆意便容易对孩子造成创伤。于是，他会先学着让自己冷静，然后再心平气和地跟孩子讲道理。就算偶尔跟妻子吵架，他也尽量控制自己，最先做出让步，并上前抱住妻子，提醒她可以停下来了。

不过，要治愈原生家庭的伤是有些不易。内心缺乏安全感的杰西有时很想发火，他也不知道自己的努力究竟会有多大作用。所以，他做了一个决定：每次看望母亲时，会带上小随身听，将母亲暴怒时的语言录下来，希望能够时刻警醒自己，不要成为像她那样的长辈。也希望有一天，孩子们也能听到这些磁带，提醒他们，以后要努力做一个温柔的合格的父母。杰西的努力终于获得了回报：在他

第一部分 生命中的"黑色阴影":原生家庭与心理创伤

的努力下,孩子们都成长得很好,而且在他们有了自己的家庭之后,也都能够很温柔地对待孩子。这正是杰西所期望的,充满暴力、严苛、没有温度的家庭,都到他这里为止……

这则故事说明了原生家庭的代际传递效应。面对这个事实,有的人则认同了原生家庭对自己的影响,代际相传,如切里的奶奶;而有的人,终其一生都在努力摆脱原生家庭对自己的影响,以阻止创伤的传递,如切里的父亲。

当然,原生家庭创伤的代际传递效应也是有心理学依据的。霍妮在《我们时代的神经症人格》中说:"儿童可以在相当大的程度上忍受一般所谓的创伤,例如突然的断奶、偶尔的打骂等,只要他在内心深处感到自己被人爱、被人需要。不用说,儿童完全能够敏锐的感觉出这种爱是否真诚,他绝不会被任何虚伪的表示所欺骗。儿童不能得到足够的温暖和爱,其主要原因乃是由于父母患有神经症,而不能够给子女以温暖和爱。根据我的经验,更常见的情形是,这种爱的缺乏往往被掩盖了,父母们往往宣称他们一心想的都是孩子们的利益。教育学理论告诉我们:一位'理想'母亲的过分溺爱和自我牺牲态度,乃是造成这样一种环境气氛的主要因素。这种环境气氛比任何东西都更能够在儿童心中埋下未来巨大不安全的种子。不管怎样,我所知道的任何病例,都是患神经症的父母通过恐吓和温柔,迫使子女沉浸到一种热烈的依恋之中,从而带上了弗洛伊德所说的占有欲和嫉妒心等全部情感内涵。"这就是一种心理创伤的代际传递描述。也就是说,那些祖辈所经历过的伤害性事件,在成为他们心里的某种障碍之后,会不自觉地演化成一种心理创伤与家族创伤,而后又不自觉地通过教养方式、情绪表达、沟通方式、克制的感情或爱,传递给了之后的一代代人。这就要求我们通过自我觉悟,去体察自身内心的"伤疤",然后通过积极有效的自我心理干预,治愈自我,以阻断"伤痕"的代际传递效应。

毕业于名牌大学的露西是一家外企的职员,她本来有着不错的职业发展前景,可为了女儿的身心健康,她辞掉了工作,在家全职带孩子。露西自小有着不怎么快乐的童年,她经常能回忆起童年时期妈妈对自己的那些强势、控制和不理解的场景,但她也知道,妈妈本质上是爱自己的,她的很多做法完全是为了自己好。那种长期被母亲压制的个性,也让露西在很小的时候内心就充满了自卑,并且个性孤僻。在露西同学的印象中,她是一个只懂得闷头学习、从不爱与同学交流的人。成长后,露西也深知母亲在育儿方面有欠妥的地方,所以,她才决定以一种不同于父辈的模式去带女儿,让女儿有一个快乐的童年。

两年过去了,露西的女儿并没有表现出她所期望的那样。表面上看女儿总是很乖,在上幼儿园期间却很胆小懦弱,有时候甚至尿急了或被同学欺负了也不敢告诉老师。以上这些让露西异常焦虑,她想这一定是自己的养育方式出现了问题,影响到了女儿的心理健康。后来,露西的闺蜜丽莎发现了问题。比如有时候闺蜜看到露西在和女儿玩,刚开始看到女儿是笑的,露西就表现得很得意,继续逗女儿开心,以至到女儿非常不舒服哭了才停下来。这时候,露西根本未曾意识到是自己没有能理解女儿,反而说:"哎呀,你脸皮怎么这么薄啊?跟你玩一会儿都哭,不许哭,再哭我就不要你了。"女儿听到妈妈这样说,通常会马上泪眼迷离地压抑自己的感觉,似乎要把那些难受吞到肚子里,强迫自己停止哭泣。闺蜜在旁边看到这一幕感到极为难过。在现实生活中，很多妈妈都是经常用抛弃来恐吓和控制孩子的情绪，什么时候都不能大笑或者大哭。

又比如说，女儿经常想穿自己喜欢的衣服去上幼儿园，但露西会以各种理由说不行，没有商量的余地，每次总是迫使女儿妥协。当看到这些，丽莎猛然意识到露西在重复其妈妈的教育方式，她虽没有像她的妈妈那样通过大吼大叫的方式去直接控制女儿，却是以一种柔和的方式迫使女儿妥协并以此来控制女儿。所以，才导致了她的女儿表面上是顺从的，其实却能感受到自己没有机会做自己想做的事情，没有勇气表达自己的想法与需求。露西的女儿也在无形之中重复地受到露西曾经受到的创伤。

露西和女儿的经历，印证了原生家庭"伤痕"的代际传递效应。她在童年时期受到强势母亲的控制，导致了自卑、孤僻的个性。成长后，她没有积极地对自己的"伤痕"进行修复，而是以无意识的方式间接地再通过"控制"的方式伤害着女儿。在童年时期，露西曾经有不被母亲理解的感受，但又无力抗争。而长时间的不舒服和不快乐也曾让露西无法承受，所以就会以一种合理化的防御方式，比如"母亲总是爱自己的，她控制我完全是为了我好"，将内心的痛苦合理化，进而将那些不舒服的感觉给忽略掉。而那种糟糕的状态实际上是被她压抑到潜意识中去了。所以，她在带自己的女儿时，就不会再重新去感受自己曾经受控时的难过，当然也无法对女儿的不舒服和不快乐感同身受，然后就以无意识的方式继续去伤害她的女儿。这也说明，"伤痕"的代际传递是一种无意识活动，创伤性的经历会在下一代中体现出来。所以，要想让自己的下一代有更优于我们，有更快乐和幸福的人生，我们就要从修复自我"伤痕"开始。

而修复的第一步，就是要懂得通过自我回忆和内省，将自己内在的创伤表达出来。要知道，当你找不到合适的语言来表达创伤时，就很有可能会将它传递给你的孩子。在以色列有很多带有仪式性的典礼，民众可以通过回忆他们童年的创伤，以语言的方式与大家展示这种创伤，并且与大家进行讨论。如此这样，"创伤"便很容易被修复了。但凡被压制的负面心理影响，都是不会凭空消失的，它只会被压制在我们的潜意识中。如果你能将它大方地暴露出来，则是达到自我治愈的第一步，也是最为关键的一步。

与原生家庭和解，就是让自己负起责任来

原生家庭对我们造成伤害并不可怕，可怕的是它的强大的延续性。这也意味着，如果我们在原生家庭里受到的创伤，没有得到疗愈和成长，那么很可能在自己孩子的身上重演悲剧。很多人看到这点，顿时会觉得失望，会觉得自己的父母确实没有多少文化知识，也不懂得如何育儿，他们很少给予自己心理营养上的满足，甚至他们大脑里从不知道所谓的"心理营养"，不知道该如何给予我充足的爱与尊重，毕竟他们也不是完美的，那我的人生岂不是很糟糕，没救了呢？实际上，真的不必有这种担忧。要知道，每个人的人生都是不尽完美的，都需要后天不断地潜心去弥补先天的一些"缺陷"，那是一段美妙且有意义的修行，我们完全可以将它当成不断完善自我的一段人生修行，承担起完善自我生命该承担的责任来。正如心

理学家爱丽丝·米勒所说："人生就是缝缝补补、补补缝缝，这样才有意思。若一出生就完美了，看起来还蛮无聊的。正因为生命多了一些残缺，它才变得更有味道。"

还有一些人，在明白自己的心理创伤可能与父母密切相关时，便产生了极大的愤怒或者仇恨，极少开始不断地责怪父母的行为。很多人都知道不该去怨恨父母，但就是放不下。因为他们没有思考过，怨恨父母究竟有什么好处。而最大的好处是：通过怨恨父母，就不用自己为当下的痛苦的现状背锅了。

凌欣在刚大学毕业的时候，总会因为父母在经济上不能帮助自己而对他们心生埋怨。那个时候的她，经常会为房租而斤斤计较，生活过得异常拮据。她总是想，自己的父母为何没本事给自己提供好的经济条件。当她在找第一份工作，不断被拒绝的时候，她会埋怨父母为何没本事给自己安排好工作。当她因为内向而在社交活动中频频被人嫌弃的时候，她会责怪他们为何从小不断地斥责和恐吓她，给她的内心造成了创伤，让她总是羞于与人交际……凌欣总是一个人孤独地躺在出租屋里幻想：如果自己的父母不是那样，她也不用受这么多苦了。

后来，凌欣慢慢地找到了工作，赚到了钱，她通过自我修补心灵创伤，交了很多的朋友。她发现自己对父母的怨恨也烟消云散了，转而开始为自己有那样的父母而自豪：正是因为他们无法帮助自己，才让自己有了不断奋斗的动力，才让自己一步步地变得美好，有了当下的成就。

现实生活中，很多人会像凌欣一样，对自己的父母抱有理想化的幻想，如果他们是完美的父母，我们现在就可以过得很好了。这

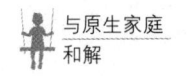

其实是对自己现状的一种逃避。责怪原生家庭，就是希望原生家庭来为自己生活的苦难和不快乐背锅。我们不愿意为自己糟糕的处境负责任，就会羡慕那些不用为自己处境负责任的人。

幻想他人来为我们负责，是我们逃避责任最常用的伎俩。我们找不到工作，会通过怨恨社会来逃避自我生命该承担的责任，同样，我们怨恨父母没能让我们有一个健康快乐的童年生活，也是为修复创伤找借口从而逃避自我修复的责任。的确，原生家庭造就了当下的我们，可原生家庭给了我们一个起点、一个初始值。你能在这个起点上走得多快、走得多远、走哪条路，则是你需要负担起责任的。父母的不完美，的确给我们人生带来了一些性格"缺陷"，曾让我们伤痕累累。这些伤痕不应该被回避，但也不应由此去怨恨谁。我们讨论原生家庭对我们个性的塑造，父母的伤害给我们带来的客观痛苦，都没有问题。问题是，我们一定要弄清楚一个问题：父母带给我们的伤害和痛苦，该由谁来负责？

如果你觉得该由父母来负责，就会产生怨恨，那么，你永远也无法治愈创伤，任由它来影响你的后半生；如果你觉得该由自己来负责，那就说明你的心灵在成长，这就让自我治愈有了很大的可能性。要知道，我们探讨创伤产生原因的目的，就是为了讨论我们该如何改变，如何通过找出"病因"后，对症下药，进而让创伤自愈，让自我生命重新绽放新的色彩。

实际上，当你决定为自己的现状负起责任，不再去通过责怪父母让他们来为你负责的时候，你才能真正地与父母和解，与原生家庭和解。实际上，与原生家庭和解，实际上就是为自己的现状负起责任，为自己的工作、残缺的性格、痛苦、孤独、不如意、糟糕的

第一部分　生命中的"黑色阴影"：原生家庭与心理创伤

亲密关系等承担起责任。你会去思考：我是怎么被影响和塑造的，我的糟糕的行为或人际关系与父母有哪些关系，我可以为现在的自己做一些什么。当你真正地为自己的现状承担起责任来，你就成为与父母一样平起平坐的成年人了。你开始关照自己的内心，不会再被他们的行为所影响或控制，那么，和解便是一个自然的过程了。

这个时候你的父母没有改变，你却变得越来越好，内心开始越来越和谐，喜悦和幸福感开始不断地从体内溢出，你的生命也开始光彩照人。那个时候，父母可能还会来控制你，可是，那时候的你已经懂得了如何应付他们的控制，如何关照自我内心不被外力所控制和影响。那个时候，父母可能还会斥责和挑剔你，可那时候的你已经学会了如何去应对别人的挑剔，你会发现"挑剔中的父母"只是你日常生活中的一部分……那个时候的你，内在和谐，可能不会去怨恨任何一个人，能很好地处理自己的负面情绪，并与他们和谐相处。

与原生家庭和解，就是让自己承担起自我治愈的责任来，就是发现父母对你的伤害，只是你一生中被伤害中的极为普通的一个。如何应对伤害，是你要负起的人生责任，而不是以"你不要伤害我"婴儿式的讨求，来逃避自我成长和心灵的成熟。

美国作家 M. 斯科特·派克在《少有人走的路》中说，每个人几乎存在心理问题，只不过程度不同而已，每个人都有不同程度的心理疾病，只不过病的时间不同。但是治愈这些心理疾病，让自己的心智变得成熟是一个漫长且艰辛的过程，只有勇于面对问题，承受痛苦，才能解决人生问题。

的确，谁的人生都不是一帆风顺的，每个人也都是不尽完美的，

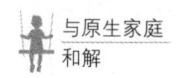

都会在学业、事业、婚姻、养老等方面遇到各种各样的问题，选择迎难而上，勇于挑战问题，那么我们在解决问题的过程中，就会得到成长，人生也变得更有意义。如果我们逃避和忽视这些问题，最终的结果就是让我们越来越痛苦。治愈自我心理创伤，与原生家庭达到和解，也是这样的一个过程。

自我疗愈的前提：客观正视，勇于揭开"伤疤"

在摆脱原生家庭对自己的负面影响，对自我内心的"伤疤"进行治疗，首要的一点就是客观地正视它，勇于通过自我觉察去挖掘隐藏起来的、未被我们察觉的负面情愫。可以说，所有疾病或问题的治愈，包括身体、心理层面或者集体、社会层面的，都逃不开这个过程。美国作家派克也在其著作《少有人走的路》中提到过："将内心呈现出来它将拯救你，如若不然它将摧毁你。"

不可否认的是，父母是为我们人生种下第一颗精神和情感种子的人，它会随我们一同成长。可随着你步入成年，这些种子便会在你的意识中滋生出无形的杂草，以你想象不到的方式侵入你的生活。它们的须蔓可能已经伤害到了你的自信与自尊，而你在人际关系、事业家庭各个方面也很可能已经受损而不自知。而我们要做的就是要时刻去观照内心的"伤痛"，正视那个被忽视的、不被理解的、充满恐惧的孩子，让童年时的自己，重新进入自己的视野，而不是拒绝、忘记甚至完全隔离那个孩子或者那个时期的情绪情感，才是真正得到治愈的前提。

　　张欣出生在西北山区的农村，她是家里的大姐，还有一个弟弟。父母没有感情基础，纯粹是为了结婚而结婚，因为自小家里不富裕，日子过得艰辛，父母也经常为此而闹矛盾，三天一小吵，五天一大吵，有时候甚至会大打出手。张欣依稀还能回想起小时候的一次经历：一天晚上爸爸妈妈又发生了冲突，两人吵得不可开交。甚至恼怒的母亲竟然还将熟睡中的弟弟摇醒，想带着他们一走了之。最终在祖父母的劝说下，父亲以外出为由，离开了家。之后很长一段时间，父亲会偶尔往家里寄点钱，但极少回家。母亲便独自抚养张欣和弟弟，承包了家里所有的农活儿，童年的张欣，从母亲通宵打粮食的佝偻背影里，第一次觉得母亲真的太不容易了。

　　后来，张欣考上了大学，但因为母亲根深蒂固重男轻女的思想，她留在家里帮助自己干农活儿，以供养弟弟上学。那时候的张欣不顾一切地逃离，"尽快地离开那个家"是她自小的愿望。那年春节还未过完，她便与同村的一位与她年龄相仿的姐妹一同"逃"到了家乡的省城。因为没有文凭，她只能帮人家洗衣做饭，才不致露宿街头。接下来的几年，她什么苦都吃过，在饭店做过服务员，推销过鞋子，做过导购，后来慢慢地开了属于自己的制鞋厂，生意做得很大。

　　十年打工光阴，她应母亲的要求将挣到的钱全部寄回家，支付弟弟上大学的学费和生活费。一开始，她拼命地想向母亲证明自己比弟弟强，值得他们更多的爱，但她慢慢发现，即便自己做得再多，母亲都将之当作理所当然。正是在那种"不被接纳"的原生家庭中，让她慢慢地养成了强势、敏感且多疑的个性，这严重地影响到了婚后与丈夫的关系。丈夫是个老实人，没有多强的事业心，把精力和时间大多放在了家庭中，尤其是对她们的女儿，更是百般疼爱和呵护。而张欣则对他的表现总是不满意，觉得丈夫缺乏上进心。于是，在她心情烦躁时，总是用极为恶毒的语言咒骂他，比如"窝囊废""不像个男人"等。刚开始丈夫觉得她工作压力大，便忍下了。但时间一久，张欣则是变本加厉地伤他的自尊，于是，丈夫向她提出了离婚的请求。事后张欣觉得自己做得有欠妥的地方，她也想改正自己的坏脾气，可总是会在不自觉中发火，将丈夫当成了自己的"出气筒"。在丈夫向她提出离婚的那段时间里，她的脾气变得更糟糕了，不仅在自己的厂子里向员工发脾气，晚上回家更是焦虑万分，整夜失眠。经过一段时间的煎熬和挫磨后，张欣终于走进了心理咨询室。

心理医生听了张欣的倾诉，便很快找出了问题的症结所在，并建议她能将自己小时候的经历讲出来。这时，张欣很是吃惊，对心理医生坦白说："我只是脾气不好，还焦虑和失眠，你只需要解决我的这些问题就好！这跟我的童年有什么关系呢？"心理医生温和地对她说："你不妨讲一讲，我也只当听故事好了！"于是，张欣在心理医生的引导下，缓缓地讲出了她童年的各种经历。心理医生告诉她："童年的经历正是你当下问题的原因所在。你父母不和谐的关系，他们的那些争吵甚至暴力行为，都让你内心产生了强烈的慌乱与不安，导致你成长过程中严重缺乏安全感。你应该有过类似于这样的经历：当你的父母吵架、言行激烈的时候，你是否感觉到自己的世界像是崩塌了一样？这时候你会产生无助、害怕、愤怒等情绪，但是那时候的你用语言表述不出来，只能用'逃避'的方式来表达自己的情绪。而到成年后,你便将这种情绪随意发泄到了你的丈夫身上。另外,你觉得丈夫无能,觉得自己事业心和能力强,是因为你内心充满了深深的自卑感。你是通过贬损丈夫的'无能',来增强自己的存在感,是一种变相的自卑。你在小时候看到母亲因为自己含辛茹苦而产生了深深的愧疚感,你一定想过'如果母亲没有我,就不会那么辛苦'。长久的这种愧疚感,导致你内心自卑感和存在感的不断滋生,因为很多时候你觉得母亲的不幸都是自己的原因造成的。"听到这样的分析,张欣很是不理解,觉得:"怎么可能呢?我觉得我的母亲很伟大。她纵然有一些不好的行为,但她也有自己的苦衷和无奈。我们老家的父母大都是那样对待孩子的。另外,母亲重男轻女,是因为弟弟能为她带来安全感。在我小时候父母相互埋怨、发脾气是因为他们没有感情基础……"接下来,心理医生针对她的情况,给出了极为合理的分析和治疗方案,最终将张欣从内疚、自我仇视和愤怒的家庭遗毒中解脱了出来。

实际上,张欣在解救自己的同时,也挽救了自己的婚姻,同时解救了自己的女儿。当她终止了旧有的家庭模式并打破循环时,也为她的孩子、她孩子的孩子以及以后的子子孙孙送上了一份无比珍贵的礼物,她正在塑造自己的未来。

现实生活中,很多人有过张欣的经历,觉得自己的问题是自己造成的,他们将特定的事件与情感从自我的意识中清除,装作童年的伤害从未发生过。同时,张欣还采取了一种更为微妙的方式:将原生家庭对她造成的伤害合理化。她给出的理由是:母亲也有自己的苦衷和无奈;老家的父母大都是那样对待孩子的;母亲重男轻女,是因为弟弟能为她带来安全感;父母相互埋怨、发脾气是因为他们没有感情基础……所有这些合理化的解释有一个共同点：将不可接受的事情变成可以接受的。表面上看，这似乎对她的心理治疗起到了作用，但内心深处的某个角落其实一直都清楚事情的真相究竟是什么。

人的自我保护机制会促使我们主动地去隐藏童年经历的一些创伤，因此，那些小时候不愉快的经历在成年后很难被觉知。像老师训斥、父母吵架、当众出丑、同学排挤……这些经历，人们或多或少都有所体验。这些经历造成的无法自愈的伤害，会在人的心中留下看不见的创伤和阴影，但在成年后，它确实会导致我们产生心理障碍。比如自卑、社交恐惧、缺乏安全感等。正因为我们在极力地隐藏这些伤害，以致我们觉得自己的心理问题与原生家庭扯不上关系。这样做的结果就是，心理问题越来越严重，学过无数治愈或控制情绪的方法，但就是治标不治本。要知道，但凡被你压制的、回避的、排斥的、否定的和压抑的，其力量都会不断地被加强。因为当你抗拒某一种情绪的时候，你就会聚集在那种情绪或者事情上面，这样就赋予了它更多的能量，它就变得更为强大了。而真正治本的方法，就是直面问题的根源，客观公正地对待童年的一系列创伤，最好能将它大方地、开诚布公地说给别人听。如果你做到了这一点，说明你是个内心有力量的人。当你开始接纳和拥抱自己内心的伤害和问题时，它们的力量便会减弱。然后，采取有效的方法将之排解，最终得以解脱，这也是与自我和解的一个过程。慢慢地，你就会谅解和理解父母的种种过失，会认识到，他们对待你，是因为他们自身认知的局限性造成的。

心理学家金伯利·罗斯在他的著作中讲到了，打破对自己生活造成影响的那些认知和思维，自信、自尊，重新去改变自己，才能帮你走出童年的创伤。我们能做的先是承认事实，接下来是和解，然后释然。再接下来是努力地疗愈自己，让自己更有质量地生活，同时阻止这种原生家庭创伤的代际传递。另外，解决童年痛苦不仅仅是要依靠他人（咨询师），也是要你自己成长起来，接受和承认自己的创伤，当你内心增强了能量而勇敢、诚实地面对过去，你才可能慢慢地疗愈。人要先学会爱自己，才有可能让别人爱你。

与父母的负面关系模式中得以解脱，抚平曾经的创伤，是一个漫长的过程，希望你对自己有信心，实现与内心的和解，进而恢复自信和力量，得到自由和幸福。

"原谅"的背后，是对问题的回避

在很多人的观念中，"与原生家庭和解"就是对自我成长造成创伤的父母，给予理解和原谅。实际上，这是一种误解。那些通过自我内在觉察的人，在了解到自己当下的一些困扰、焦虑、痛苦和烦恼等皆源于原生家庭中的父母后，就选择理解和原谅他们的人，其自我疗愈的过程并不顺利。比如：

"通过专业的心理咨询，我了解到自己常与丈夫发生矛盾、冲突，皆因童年时期对爱的匮乏造成的。可我并不怨恨父母，相反我还很理解他们，因为那个时候他们实在是太忙碌了，根本没时间照顾我，只有将我时不时地送到乡下亲戚那里！我选择了原谅他们，可为什么我的痛苦依然存在？尽管我已经开始很努力地在改进我的行为，但以前的痛苦总在我生活中上演……我可能还是不够宽容吧，我可能真的没有原谅他们……"

"父亲是个酗酒者，每次喝得酩酊大醉时，都会对妈妈动手出气，偶尔也会打我……这让我内心压抑了太多的愤怒，在成年后，这种愤怒时不时便会爆发出来，同事或妻子无意中的一句话便会让我大发脾气……在专业心理师的分析下，我也知晓了父亲对我造成伤害的原因。那个时候，祖父长年卧病不起，家里还要养活我们弟兄几个，他的收入又不高，压力真的太大了。为了排泄无处释放的压力，他也只能不停地喝酒以麻醉自己，而喝醉后，内心压抑了太多的委屈无处宣泄，只有拿他自己身边最亲的人出气……我深知这一切，所以选择了原谅父亲。在原谅他的那一瞬间，我虽然感到了平静，但是原谅这件事，真的有碍于自我疗愈……如今我已经花了两年多的时间去改善充满"创伤"的内心，却没有丝毫的缓解。"

以上两位叙述者的真实感受告诉我们：在了解自我创伤产生的原因后，先选择去原谅的举动，十分不利于自我疗愈过程的开展，原因在于：原谅的背后，是对造成自我心理创伤问题的回避。原谅，很多时候让你无法真实地感受到自身曾经所受到创伤的情绪，让你无法真实地抚摸到那个受伤的自己。就像第二位叙述者所说的那样，面对父亲酗酒后对妈妈和自己的伤害，他选择了理解和原谅，可正是这一行为，让他难以感受到那个曾经受伤的小孩压抑在内心的真实的痛苦和愤怒，以致使曾经的那种痛苦和愤怒仍然被压抑在心底，难以找到一个合理的宣泄出口，那么，他内在的伤痛便难以得到疗愈。实际上，对于他来说，想要根治自己的创伤，需要先忘掉自己

第一部分 生命中的"黑色阴影":原生家庭与心理创伤

的原谅,重拾内心的痛苦和愤怒,然后让这种痛苦和愤怒以一个合理的方式宣泄出来。这种治疗过程,就像去治愈一个鼓着脓血的伤疤一般,"原谅"就好比你知道这个伤疤是如何形成的,深知自己的哪些行为会直接带来创伤,你会不断地提醒自己以后不要犯类似这样的错误,然后你会忽视它的存在。但这些对治愈它起不到任何作用,它仍旧在那里,仍旧会给你带来痛苦。而你真正要做的,就是拿针对着让你疼痛的伤疤勇敢地将它戳破,让脓血流出来,流干净,然后上药,从而达到治愈,从根本上消除疼痛。

最近,艾维曾不止一次地向朋友表现出极为悲观的情绪,说什么活着没意思、生活太空虚类似这样的话。原来,艾维最近刚与自己的男友分手,他俩十分相爱,曾到了要谈婚论嫁的时候,却遭到艾维的强势妈妈的反对,逼着让艾维跟男友分手,理由是:她的男友太穷,干的工作又没前途,不能给艾维带来幸福。在艾维的记忆中,妈妈一直就是个能掌控自己一切的女人,艾维自小经常听到妈妈对自己嚷嚷:"你吃我的,喝我的,住我的,你也是我生的,你必须听我的话,绝不能反抗!"所以,在多数情况下,艾维的行为都必须经得妈妈同意,否则就会被责骂,甚至会遭到暴打。艾维曾回忆说:"妈妈的脾气不好,动不动就动手打我,我不敢反抗,我知道越反抗打得越疼骂得越惨。许多年来,我内心的痛苦和愤怒都压抑着,从来不跟别人说。妈妈说什么我就做什么,因为我知道我反抗不了。慢慢开始自残,抑郁想自杀。后来长大了,懂事了,也会慢慢地体谅妈妈的不易。但是妈妈依旧会操控我的每件事情,包括我的爱情。我和男朋友在国外相识,在一起后,他虽然不富裕,但对我总是很大方,很舍得为我花钱,也极为宠我。却遭到了妈妈的激烈反对……有一次，她当着男友的面，把我数落了一通，还警告我男友别再做美梦，趁早分手……这让我们俩都极为受伤。自那以后，我主动和男友提出了分手，不是不爱他，而是觉得像我这样在如此糟糕的家庭中成长起来的，就应该一辈子孤独。不想让善良的男友碰家里的一切烂摊子，怕他受到伤害……"

艾维在悲观的情绪中沉寂了许久，最终走进了心理咨询室。在治疗师的引导下，她逐渐地看清了自己内在的伤痛。但在治疗第三个月的时候，她告诉咨询师，她选择了原谅自己的妈妈。她坚持说，她十分相信宽恕的力量，她不需要通过发泄愤怒来治愈自己。妈妈虽然对自己造成了创伤，但她也是个可怜的女人，她对自己说的那些恶毒的话，都是姥爷曾经对她说的……

在接下来的治疗中，她一直拒绝唤起她内心的愤怒和痛苦。但是在听到与她有着同样遭遇的治疗者的故事时，她则表现出极大的愤怒来，就在昨天晚上，她曾经拥抱了一位与她有过类似经历的治疗者，并对她说："你的父亲简直让人可恶，我真的想用拳头去揍他！"

几天之后，艾维内心压抑着的愤怒情绪还是被激发了出来，她捂着脸大哭，并尖叫着诅咒自己的妈妈简直太可恶，是她毁了自己的一切，让自己一直活在痛苦中……之后，她开始啜泣……旁边的人不断地拥抱她，她说自己获得了从未有过的平静和放松。

在接下来的一段时间，艾维的疗愈课程迈向了另一个台阶，她距离完全被治愈已经不远了。

要想疗愈，一定要找到对你造成创伤的主要责任人，这样你就不会一直把那个重担背负在自己身上。如果你一直选择原谅，就很容易会陷入自我责怪的怪圈中,你的内心就会永远充满耻辱感和自我憎恶,你就会不停地惩罚自己,在痛苦中挣扎,永远难以得到解脱。同时,你内心的痛苦和愤怒,永远也找不到发泄的出口,内心的脓血极难被处理干净。

当然,这并不是说,我们永远不要原谅自己的父母,你可以选择原谅他们,但应该在理清自己的情绪之后再来做这件事,而不是在这之前。面对自己内在的"创伤",我们首先要做的就是发泄愤怒,需要清醒地认识到我们未曾获得饱满的父母之爱这一事实,不应该去抹杀曾经遭受到的伤害。很多时候,原谅和忘记,就意味着假装一切伤害从未发生。

随着疗愈过程的完结,我们终会与父母达成和解,会完全地谅解和接纳他们,那个时候,你是一个具有独立精神的个体,在意识上不会轻易接受父母强加给你的意念,不会为了谁去做一些违心的事,你可以同与自己有不同观点的人和谐地相处。

自我觉察力:痛苦的根源,与真实自我的一种对抗

自我疗愈的前提,就是要将真实的自己呈现出来。很多时候,我们之所以会滋生负面情绪,都是与"真实自我的一种对抗"。换言之,我们常在亲子关系、婚姻关系、职场和人际关系中挣扎,大多源于从不了解真实的自己开始的。这里所说的了解自己,就是对自己的所思所想所感所为有足够的觉察和理解。很多人可能会说,我

很了解自己,其实你说的"了解自己",只是了解自己意识层面的想法、感受和行为。事实上,意识层面的了解只是关于"自我"的极小的一个方面,就是真正明白自己想要的是什么,想拥有什么样的生活或状态,然后依自己深层次的意念去做,而不是为了外界的种种压力或看法去委屈自己,最终再跟自己过不去。

从心理层面来说,一个人无法真正地了解自己,了解自己内心的真实需求,与童年时期的经历是分不开的。

艾米本是个崇尚独立自由的女性,渴望活出属于自我的精彩。在未步入婚姻之前,她是一家知名企业的注册会计师,并且对自己的工作较为满意。

可是在她28岁的时候,意外地遇到了托马斯,那个让她为之疯狂的男人,很快,她坠入爱河,与托马斯结婚、生子。托马斯是一个画家,当时的他有一个独立的工作室,事业刚刚起步。艾米为了支持丈夫,她无奈之下辞去了工作,承担起了操持家务的责任。但是四年过去了,她的生活开始变得一团糟糕,丈夫的工作室因经营不善,濒临倒闭的边缘。因为事业上的不顺,丈夫开始酗酒,总是彻夜不归,同时对她也越发地冷淡,对她在经营工作室方面提出的意见或建议开始熟视无睹。同时,3岁半的儿子越来越不听从她的管教,总是与她唱反调。因为长期不与外界接触的艾米,其身材臃肿、面色枯黄、蓬头垢面,每天时不时地会对着调皮的儿子和不听劝的老公大吼大叫,俨然一副"泼妇"样。

这时的艾米才意识到,这根本不是她所想要的生活。这几年,她彻底失去了自我,总是替别人着想,总是千方百计让老公、儿子高兴,而她自己委曲求全。面对一团糟的生活,她时常感到痛苦和压抑，甚至曾一度患上了抑郁症。

实际上，艾米的这些经历与她小时候的经历密切相关。她生活在加州一个大家庭，她的父母共生了七个孩子。可能是因为她长相普通、各方面也表现得不够出众，所以，父母总是疏于顾及她。为了引起父母更多的关注和爱，她总是表现得很是很乖巧、听话。她会为了讨好父母，而主动去照顾弟弟妹妹，尽管内心她不是那么情愿做那件事；会为获得母亲的夸赞，而主动自己去完成作业；会为了让父母为自己感到自豪，在各种场合都竭力地像大人一样遵守礼仪……她的童年生活的夸赞和关注大多是靠委曲求全换来的。

生活中像艾米一样经历的人有很多，他们在很小的时候，为了获得关注和爱，一味迎合父母的需求。这样的孩子在成长过程中总是会隐藏自己内在最真实的想法、感受、需求和情绪，从而会形成一个"虚假人格"，或者如英国心理学家温尼科特所说的"虚假自我"。他们通常会因为迎合父母，而否定自己的真实感受或者干脆隔离自己的真实需求。所以，他们的内心异常敏感，是被忽视的、不被理解的和充满恐惧的，生怕不被接纳和关注。这种心理状态一直持续到了艾米成年后。她在与托马斯结合后，十分了解自己的价值观，即做一个独立自主的女性。但是，在婚后，她依然在重演小时候的自己，为了迎合老公和孩子的需求而放弃了自己内心真正的追求。她为了让丈夫和孩子接纳自己和承认自己，便辞去了工作。可最终，当老公事业失败、孩子不听话、自己的外在形象也毁于一旦时，便开始后悔自己当初的选择，便开始跟"真实的自我"进行对抗。

从心理层面去分析，艾米肯放弃自己去全力照顾家庭，是因为其内心深处，总有一个声音在告诉她，如果不这么做，她将难以得到爱人托马斯的认可与家庭的接纳，这是很深的无意识层面的意念，她无法看到这个意念的限制以及打破它的可能性。如果深察内心，她能够看到这个意念，并且觉得这个牢固的意念是可以打破的，并且遵从内心的想法，即"即使我不回归家庭，在职场上发挥才能，老公和丈夫也许会生活得更好。如果这么去做，老公和孩子会更喜欢自己"。那么，玛丽的生活就不会如现在一样糟糕，不会如此痛苦、压抑，这样与自己过不去。

一个人若缺乏必要的自我觉察力，便常常会成为自己痛苦的制造者而毫无所知，就像一个被预先设定好程序的机器人一样，固定的按钮一旦被外界的人或事所碰触，就会痛苦大爆发。相反，一个人若有了自我察觉力，就等于拥有了一个空间，成为自我意识、理念、情绪、理念的觉察者，成为一个容纳这些过程发生的安全空间。在这个空间里，她完全可以正视那个被忽视的、不被理解的、充满恐惧的孩子，让童年时的自己重新进入自己的视野，而不是拒绝、忘记甚至完全隔离那个孩子或者那个时期的情绪情感，进而让自己慢慢地疗愈。

同时，自我觉察发生的同时，也就是自我接纳的开始。就像上述事例中的艾米女士，当她自我觉察到自己内在对"自我真实需求"的忽视，而开始可以接受自己时，也就意味着她可以有一个内在空间给自己。一个人只有开始爱自己、照顾好自己，才会真正有能力去照顾别人、爱别人；否则，只能是自欺欺人而已，结果一定是痛苦的。水满自溢、爱满则流就是这个道理。

生活中，绝大多数人对待自己，都处于一种分裂状态，只欢迎和接受那个好的自己，不要那个不好的自己。如果你静下心灵仔细分析，那个不好的自己，其实是因为被各种负面意念所禁锢的自己，比如"我是一个能力弱的人，什么都干不好；我长相不好，不配得到别人的爱；我是一个弱小者，我没办法去关心别人"……当这些负面意识根植于无意识深处，如果你无法察觉到"我究竟是谁，我是怎样的人""究竟哪些现实情况扣动了童年的心理创伤""当下糟糕的状况与童年经历究竟有着怎样的联系"等更深层次的问题，不去觉察你意识中的荒谬和虚假，那么，这些信念就会一直统治和占据着生命，让人拼命去追求一个更好的自己，用以抵抗这些令你痛苦和不堪承受的自己，即所谓的"坏的自己"。于是，你的生命就会变成一场对抗战，极力要将那些坏的感受极力排斥掉、分裂掉，投射到别人的身上，就成为所有奋斗和努力追求一个理想自我的全部动力。这一切需要足够的自我觉察力。

有了很好的自我觉察力，就会很自然地放弃那些限制生命发展的种种不合理或负面的意识，从而不再把主要关注力放在一个"假我"的塑造上，而是能够将自己的创造力从自我压抑的状态下解放出来，让真正的自己活出来，从而获得真正的安全感和自信心，创造更为真实和美好的人生。

接纳和拥抱伤害，并用它来滋养你

疗愈的关键两步：第一步是承认被伤害的事实，不刻意去回避和否认它们的存在，要敢于敞开心扉，勇于揭开"伤疤"；第二步便是学会接纳和拥抱内心的伤害。在生活中，我们可能都有类似于这样的体验：我们内心的冲突袭来的时候，比如愤怒、焦虑、悲伤、低落、消沉等，我们会一直想要从这个泥沼中挣扎着逃出来。所以，我们就借很多的理由或逃避策略不去面对它，而是去压抑它、否定它和排斥它，最终只会在负面情绪的泥潭里越陷越深。但是请记住，"凡是你所抗拒的，都会持续"。因为当你抗拒某件事或者是某种情绪时，你的全身心就会聚焦在那种情绪或事件上面，这样你就赋予了它更多的能量，反而使它变得更为强大了。这种负面情绪就像黑暗一样，要驱散它，就要引进光亮。光出现了，黑暗自然就会消融，这是不变的定律。而喜悦则是消融负面情绪最好的光亮。当然，这里的喜悦并不等同于快乐，快乐是需要外在条件的，而喜悦则是心灵滋生出的一种正能量。"喜悦"的初步反应就是接纳，即接受你受负面情绪困扰的事实，然后发现它们存在的"珍贵"之处，再将它们变成自己人生的一种"宝贵"体验。当你慢慢地体验到这样一个过程时，你就会发现，原本使你厌恶和抗拒的、无比坚硬的坏情绪，竟然变成了一种"温柔"的体验，甚至可以去滋养你的生命。

实际上，对待童年的"创伤"也应如此，当你在亲子、婚姻、职场、人际关系中痛苦挣扎，解决掉一个问题后，另一个相同的问题便会接踵而至，这时，问题本身可能并不是问题，问题背后所隐藏的内心中更深的伤痛才是最该面对的。这个时候，不妨静下心来反省一下：是什么事情或情景在无意识中引发了童年经历中极为强烈的情绪反应？童年中有哪些负面的经历，可能会导致哪些问题？然后，试着去以平和的心态接纳和拥抱它们，将它们当成自己生命中的一部分。你会发现所有的问题都会变得柔软，接下来你只需要提升自我认知，将内心深处的旧系统进行格式化，重新建立新的系统，所有的问题便可以迎刃而解了。

张梅，她经常向朋友说自己的爸爸是"隐身爸爸"，要么忙工作，要么在家什么都不过问，话也说得不多。而妈妈则是"橡皮妈妈"，总是盯着自己的错误，像橡皮一样想要擦掉孩子的错误，然后写上正确答案。

她清楚地记得有一次，她吃完晚饭后去玩，忘记了写作业，第二天，老师给妈妈打了电话，要她不要疏于对我的教育。第二天回家，妈妈拿着衣架将她打得伤痕累累，而爸爸则在一边冷眼旁观。

在张梅的记忆中，这样的挨打总是很多，甚至只是一些很小的事情，比如看电视忘关了，吃东西掉在地上了，母亲就会伸手扇她耳光。

还有，妈妈似乎从来没有认可过自己，无论她表现有多优秀，都难以获得一句肯定的话。

她努力学习，考了全年级第二名回家，妈妈会说，"怎么跟第一名差那么多分数！这种分数别想考上好大学……"

10岁时，有一次爸妈不在家，张梅试着在厨房给全家做了一顿饭，希望他们回家就有饭吃，然后会夸夸她。结果妈妈不但没有夸她，还骂了她一顿说："谁让你到厨房里来瞎胡乱做饭，看把这弄得乱七八糟的！"从此之后，张梅便再也不愿踏进厨房半步。

还有一次母亲节，张梅在野外采了一束花送给妈妈，却发现妈妈随手将其扔进垃圾桶里。这件事后，张梅就将自己的内心封存起来了，不再对父母敞开，不再寻求他们的爱与认同感，也试着不搭理他们。

之后，张梅考上了大学，选了离家最远的学校，这样可以一整年都不用回家了。毕业后，她选择留在家较远的城市工作，更是越来越少地回家。

她的妈妈不理解，骂她白眼狼！

……

对于小时候种种负面的经历，张梅每每想起都觉得刺心，她曾一度怨恨自己的父母，觉得他们真的伤害到了自己，她不明白妈妈为何总是用如此冰冷的方式去不断地挫败她的自信心甚至打压她的自尊，正是有了这些不堪的经历，让她内心充满了自卑与孤独情绪，总被各种痛苦包围着……而且多年来，她也总在压抑着这些负面情绪，从不愿与他人谈及，更不愿向人敞开心扉，独自一人吞咽下内心不经意间泛起的苦楚。

后来，在心理医生的帮助下，她不再逃避。当童年的那些伤害袭来时，当她意识到因为触动了童年那些"阴影"而使自己的婚姻、职场与人际关系出现问题时，她也不再对父母心生怨恨。而是懂得及时去梳理自我，看着自己内在的冲突一点点地走近自己，然后渐渐地消退，让自己慢慢地平静下来。最终，她通过一系列的努力，一点点地不断地提升自我认知，建立起了内在的一套系统。如今的她已经可以当着朋友的面拿童年的负面经历开玩笑，那时的她明白童年的一切痛苦已经成为过去了，她想的是如何过好自己未来的生活。

"我可以再次体会人生的快乐，那些痛苦已不是现在的事了。那些童年的经历已经成为我人生的一部分，而我人生剩下的路，还要继续走下去。"这是她与原生家庭和解后所说的第一句话，她的坚强让人肃然起敬。

好的原生家庭应该满足4种心理需求：关系需求，独立和掌控需求，快乐需求，自我价值感和渴望被认可的需求。可现实生活中，能够满足孩子所有感情需求的父母是不存在的，父母偶尔对孩子的成长产生懈怠情绪或向孩子发脾气是正常的；在极少数时候对孩子实施严格的控制也是可以理解的。父母因为偶尔的过失行为对孩子造成伤害是正常且合理的，因为父母也是普通人，他们中的多数人因为受制于自我认知经验，或多或少都难免有情绪过激和行为失控的时候，甚至他们很有可能也是原生家庭的受害者，才将这些伤害传递给了孩子，对此我们要给予理解。我们要认清的事实是：任何人都无法选择原生家庭，但你能做的就是要将一些伤害的轮回终结在自己这里。

另外，在面对伤害时，你越是逃避、抗拒，它对你造成的伤痛就越大，而当你勇敢地去面对，并试着去接纳伤痛，接纳你的父母，让悲伤一点点地走近自己，然后渐渐地消退，最终它才有可能成为永久的过去，成为你生命中的一小部分。我们外在的所有努力都难以治愈你内心的伤害，只有完全接纳它，你才能真正治愈。让内在的那个被伤害的"自我"被理解并真切地感受到自己的价值，切勿尝试跟自己的缺点做斗争，而是要接受，只有这样才能真正放松。

同时，在生活中，当你深陷于因原生家庭带来的心理困扰或痛苦中时，也不要试图去隐藏自己的真实情绪，用层层的盔甲将自己包裹起来。这样，只能够让人不敢接近你，给你安慰、支持与同情，最终自己只能够困在孤独痛苦等各种负面情绪组成的牢笼里。

试着去卸下层层自我保护的盔甲，试着展现自己的真实情绪，做一个真性情的人，试着去接受与拥抱他人的关爱，试着把负面情绪当作自己的朋友，微笑着勇敢地面对它们，生活就会少很多黑暗，多很多光亮，阳光自会暖暖地洒下来。

总之，消除原生家庭对你造成的负面影响是一个循序渐进的过程。你通过暴露"伤疤"，接纳伤害，建立全新的自我内在认知系统，最终使你心灵的力量得以加强。经过这一系列的过程后，隐藏在心灵多年的"毒素"将会得以释放，你将重新塑造出一个富有爱心、快乐幸福的人。经过一个过程后，你将彻底地解脱束缚，成为自己生活的主人。

合理地释放你内心的愤怒

除了接纳伤痛外，懂得合理地释放你内在积蓄已久的负面情绪，也是疗愈创伤一个极为重要的方法。要知道，生活中，我们之所以经常在亲密关系或人际关系中受阻，很多时候是因为在原生家庭中压抑了太多的愤怒和痛苦，而外界的一些表现触动了你的敏感神经，从而引爆了你的愤怒和痛苦，所以，我们会在他人面会表现出不堪和令人害怕的一面。就像美国作家苏珊·福沃德所说："当你压抑自己的愤怒，你就会变得抑郁或狂暴，其他人也会对你避而远之，和你公开对他们发火时的结果是一样的。压抑的愤怒好像一颗定时炸弹，没有人知道它何时会爆炸。当压抑的愤怒爆发时，人常常会失去控制。不加控制的愤怒通常是有毁灭性的，尤其是当这种愤怒被压抑在我们清醒的意识之下，不断发酵升级之后。"所以，自我疗愈一个重要的方面，就是要及时地将你内在压抑的愤怒合理地宣泄出去。

今年36岁的杰瑞毕业于名牌大学，在一家极体面的机关单位上班。可是，他因为脾气暴躁而失去了维持近10年的婚姻。在单位中，杰瑞是同事眼中的老好人，对同事都极为热心，只要谁有困难，他一定是能帮则帮。可回到家里，却总是忍不住对妻子发脾气，妻子总说他是将在单位中受的气都带回到家里来发泄了。当杰瑞接受心理治疗后才幡然醒悟，原来他的坏脾气源于童年时期父亲对自己的苛求与责骂。在父亲眼里，杰瑞是个自小就淘气的孩子，总是与同龄孩子在一起惹是生非。同时，他的学习成绩又不好，于是，每次惹事时，父亲就将自己所有的不满全部发泄在他身上，不仅严厉地责骂他，甚至有时候还会动手打他。那时候的杰瑞只有几岁，面对父亲的行为，他除了感到痛苦和愤怒外，无能为力。于是，他只有将痛苦和愤怒压抑在内心中，一直到成年后。在单位中，他依然可以维持"老好人"的形象，但是一回到家里，面对自己最熟悉的妻子，内心的怒火便会时不时地爆发出来。尤其是当他看到妻子因为失误做错了事情时，他内心的怒火便会大爆发，与其产生激烈的争吵……妻子终于忍受不了，决定离开他。

很显然，要治愈杰瑞的心理问题，一个必要的方法，就是要将他早年压抑的怒火通过合理的渠道宣泄出去。在心理师的建议下，他通过与童年时期的自己进行链接，感受到了那个无能为力的愤怒的小孩，他开始不停地大声咒骂，然后开始不停地哭泣，随即他便感到了前所未有的轻松。他知道，自己内在被压抑的痛苦和愤怒正在被自己一点点地释放……

生活中，很多人会用一些常规方式来处理自己童年时期积压的痛苦和怒火：可能会将其压抑在心中，致使自己变得抑郁甚至疾病缠身；可能会将愤怒变成内在的痛苦和折磨；还可能会以喝酒来麻痹自己的感觉；也可能会不时地爆发，让愤怒将自己变成一个敏感、紧张、多疑和好斗的人。大家似乎都已习惯了用这种老旧的、依赖性强的、无效的方式来应对愤怒，这些方式无法帮助我们摆脱痛苦。而真正行之有效的方法之一，就是将内心的这些负面情绪释放出来。

那么，在现实生活中，哪些是可以用来释放内在负面情绪的行之有效的方法呢？

其一，允许自己愤怒、不压抑自我的负面感受。人的情绪，无论是喜悦、平和还是愤怒、痛苦等，都是人类的一种正常的情绪表现，无关对错。它们都属于你，是你人生不可分割的一部分。愤怒也是一个信号、给你传递重要的信息，比如你的权利正在被践踏、你正在被侮辱和利用、没有人关心你的需求等。愤怒意味着你需要做出改变，你需要纠正自己的某些行为、看法或思维。

其二，表达出愤怒。你可以把你的不满、怨恨等全都写到纸上，然后烧了它，让你的坏情绪也随火焰变成灰烬，不要记起它，接下来就会一切恢复如常。比如，一个人在家里的时候，你可以与让你愤怒的人进行对话。不必为发泄愤怒去暴力伤害或言语侮辱任何一个人。

其三，喊出你的愤怒。喊叫法就是通过急促、强烈、粗犷、无拘无束的喊叫，将内心的积郁都发泄出来，你还可以找一个没人的地方，将你心中的不满大喊大叫出来，甚至可以大声叫骂等，这样你心中压抑的不快都会释放出来，你自然也会变得轻松起来。

其四，通过运动来发泄你内在的愤怒。将愤怒转化为运动可以帮助你释放内在的紧张情绪。从医学角度而言，运动之所以能缓解压力，让人保持平和的心态，与腓肽效应有关。腓肽是身体的一种激素，被称为"快乐因子"。当运动达到一定量时，身体产生的腓肽效应能愉悦神经。适当的运动锻炼，还有利于消除疲劳。那么哪些运动能减压呢？通常来说，有氧运动能使人全身得到放松。想通过运动缓解压力，可以参加一些温和的、消耗量小的运动，使心情先平静下来，如跳绳、跳操、游泳、散步、打乒乓球等。另外，为了达到放松身心的作用，可以选择自己喜爱的、能产生愉悦感的运动，这样效果会更佳。在通过运动来排解情绪时，需要注意如下两个方面的问题。1. 不要带着情绪去做剧烈的运动。如果带着太大的压力和不良情绪去锻炼，在锻炼中思绪杂乱，注意力不集中，反而会影响锻炼的效果。比如有人刻意去做一些激烈的、运动量大的运动项目，认为出一身大汗，压力和不良情绪就会全部释放出来。其实效果恰恰相反，这种激烈且大运动量的锻炼，不但会造成身体疲劳，而且加上原来紧张的精神，压力不但排解不了，情绪反而会更坏。

2. 运动宜适度。即指运动需合理把握时间，不要一次把自己累得不行，过量的运动会透支我们的体能，并且有可能引发相关的疾病，这样就得不偿失了。

其五，切勿因为释放愤怒而加深对自我的消极形象。你没有因生气而变得可恶和卑劣，你可以大声对自己说："我的确很生气，我有权利生气。如果只有这样做才能应对愤怒，那么我只能为自己的愤怒而感到愧疚。这样的感觉没有错，也没有使自己变得卑劣！"

其六，将愤怒转化为自我定义的动力源泉。你的愤怒可以让你更清楚地知道自己在原生家庭中愿意接纳什么，不愿意接纳什么，帮助你定义自己的边界。这样一来，你可以很大程度地从顺从、妥协、害怕父母的陈旧的关系模式中解脱出来。你的愤怒可以帮助你将注意力重新集中在自己身上，不再去为改变父母而作徒劳的斗争。

总之，愤怒是一个人对于受到不公正待遇的一种正常反应。很明显，受原生家庭影响而在内心留下创伤的人内心积累的愤怒要比一般人多一些。为了防止它对我们的现实生活产生影响，就要懂得将内心的愤怒找一条合理的通道，让它尽早地宣泄出来。

合理地释放你内心的悲伤

与愤怒一样，在原生家庭中受伤的人，其内在隐藏的悲伤也比内心健康的人要多一些。那对于有心灵创伤的人来说，及时将内在的悲伤合理地释放出来，是自我治愈的方法之一。从心理学的角度来说,悲伤是人们在面对失去时的一种正常的情绪反应。比如说,自小生活在缺爱家庭中的孩子,他们很小的年龄便要面对父母的无视、冷漠乃至语言上的伤害,在本该好好感受充足的爱的年纪,他们却失去了安全感、信任、快乐乃至天真。而要释放你内心积压的悲伤,你先要体会你曾经失去过什么,你曾经会对怎样的经历而感到难过。

当你回忆起曾经的种种,你除了能感受到愤怒外,还能感受到悲伤、恐惧等一系列的夹杂的情绪。只要让这些情绪真实地流露出来,才能冲破它们对你的束缚。在现实生活中,很多遭受过创伤的人,已经习惯了将它们压抑在心中,让这些被压抑的负面情绪不断地摧毁自我价值,可是因为悲伤如此痛苦,许多人宁愿选择逃避或无视它们。但这样做的结果就是任由悲伤在内心积压,从而从内伤害到自己,使自己陷入抑郁、低沉、痛苦的泥潭中无法自拔。

"直到现在,我都不知道自己的童年经历了怎样的失去……我生活在一个落后地区的小山村,经济上的窘迫,令父母经常陷入巨大的不快中……很多时候,我便成了他们发泄情绪的对象,妈妈会骂我家里的钱都被我上学用光了,骂我是个没用的孩子……我似乎每天都在失去。为了不让父母活在压力中,我几次都想主动辍学,所以就跟父母商议,放弃学业回到家里来帮助他们分担家务劳动。却被父亲大骂了一通,说我只有好好学习,才能对得起家里的付出……如果说我童年中缺失了什么,我觉得主要缺失的是爱、尊重和自信心!小时候可能因为内心积郁了太多愤怒和悲伤,所以在成年后一些看似微不足道的小事都能让我陷入情绪崩溃的状态中……"

"自己就像是一个没有灵魂的傀儡被父母操控,在小学一二年级的时候，参加班级举行的文艺汇演，老师前一天通知了每个同学都要穿短裤，可是母亲却执意要我穿长裤。那一天的会演只有我没有按照老师的要求着装，让老师有些不快。一直以来，自己所有的事情都是父母置办，自己根本没有表达的权利，直到高中的时候，才第一次能够穿上自己喜欢的衣服，现在看来衣服是可以选择的，但是丢失的社交能力再也找不回来了。上大学后，每次参加社交活动，都会有一种无力感和无助感……畸形的童年，失去的是童真、应有的尊重和自我！在这样的环境中，可能是因为内在积压了太多的不情愿、委屈和悲伤，所以在离开家后，总时不时地会陷入痛苦的情绪中，无法自拔！"

从以上两位叙述者可以看出，童年生活内心所积累的悲伤，在成年后都会在不经意间转化为一种负能量伤及自己。生活中，很多人会说，要祛除内心的悲伤很容易呀，我只要假装快乐，就真的能获得快乐。这种假装快乐的方式，其实就是对内在悲伤情绪的一种逃避。那么，对于创伤者而言，如何才能合理地释放出内在的悲伤呢？

其一，要与童年的那个受伤的小孩进行链接，深切地感受到他悲伤时的感觉。

你可以找一个静谧的地点来和自己内心的那个孩子对话。你可以拿一张自己童年的照片，看着照片中的那个弱小、无助的孩子，对他大声说："你不需要为那些耻辱而负责！"他们忽视你，他们无法满足你，从而让你觉得自己没人爱，他们对你的语言暴力，他们对你的自尊和贬低、自信心的打击，是因为他们在面对问题时感到束手无策而把你当成了情绪垃圾桶。

安吉便尝试运用以上的方法以排遣内在的悲伤情绪,她似乎看到了那个悲伤的小女孩,眼泪一下子便流了出来。她说道:"天啊,我真的是太伤心了!真的极为难过。我为什么要经历这些?我感觉自己被悲伤围绕,为那个曾经的弱小的自己感到难过,但许多人的经历可能比我还要糟糕。"

释放悲伤是一种积极的行为,它会解放你,让你痊愈,让你可以用实际行动来解决自己的问题。你只有用恰当的方式感受和表达出自己的悲伤情绪,才能释放内心深处那个受伤的孩子,免除你的内疚和自责,否则,你还会继续让悲伤来惩罚自己。

其二,向他人倾诉出你内在的悲伤。

倾诉,也是一种释放内在负面情绪的方法。在生活中,你完全可以找个好朋友向他倾诉出你内在积压多年的悲苦,你会感到前所未有的轻松和自在。当然,在倾诉的过程中,你最好痛哭一场,因为哭泣也是释放内在负面情绪的一种有效方法。

有研究表明,哭即可以减轻负面情绪对自己的压力。心理学家克皮尔曾做过这样一则实验,他调查了137人,并将他们分为健康组和患病组。患病组是溃疡病和结肠炎的患者,这是两种与精神紧张密切相关的疾病。结果发现,健康组哭的次数比患病组较多,而且哭后自我感觉较之哭前好了许多。

通过进一步的研究发现,人们因情绪压抑时,会产生某些对人体有害的生物活性物质。哭泣时,这些有害的化学成分便会随着泪液排出体外,从而有效地降低了有害物质的浓度,缓解了紧张情绪。

曾有一位美国学者做了一个有趣的试验:他让一组人观看感人的电影,并收集他们因感动而流下的眼泪;让另一组人切洋葱,也收集下他们因辣眼而流下的泪水。结果发现,因感动而流下的"情感眼泪"中含儿茶酚胺成分,而"反射眼泪"中则没有。

医学上解释说儿茶酚胺是大脑在情绪压力下释放的一种化学物质,如果在体内积聚太多,就容易增加患心脑血管疾病的风险。因此,当你在倾诉过程中,感到难过时,不要强忍着故作"坚强",该哭时不妨尽情地哭出来。

其三,悲伤也是有开端、中段和结尾的,我们都必须一步步地经历这些阶段

在适当的时候,我们要及时让悲伤结束,尽管我们需要时间来消化悲伤,但这个过程不是无限长的。你需要时间接受自己曾经的失去,也需要时间来将自己的重点从过去的痛苦转移到现在的和未来的目标上面。最终,伤口总会变成疤痕。当你接受了自己不需要为悲痛负责这一事实的时候,你就会感受好一些。

其四,通过阅读、旅行等方式,开阔自己的心胸,放大自己的格局,以慢慢地化解悲伤。

法国电影《与玛格丽特共度的午后》里的男主角查尔曼是一位从小受母亲嫌弃、一直缺爱的50岁的私生子。他的整个人生都觉得是灰色的,直到某天午后在公园遇到90岁还爱读书的玛格丽特,她鼓励查尔曼阅读好书,在书中寻求真理,查尔曼在阅读中体会到了与世界连接的同理心,他不断地调整自己在自己心中的形象。最后,他理解并喜欢上了自己,释放出了内心的悲伤,走出了原生家庭的阴影。

所以,在生活中,你可以尝试出去旅游、阅读等方式,以让自己更多地与外界进行链接,以增长自我见识,扩大自我格局,你便

会觉得儿时的悲伤在生命中根本不算什么了。

积极地接纳自己，是自我疗愈的重要方法

自我接纳是治愈创伤、与自我和解的一个重要方法。一般来讲，童年的创伤会引发内心的各种情绪冲突，这些情绪冲突会让我们感觉到精神处于撕裂状态，痛苦不堪。多数情况下，造成这种现象的主要原因在于他们无法接纳或者排斥"自我"不好的一面而造成的。比如，一位叫瑞恩的学生向朋友抱怨道："我觉得自己经常陷入痛苦的一个重要原因，就是自己明明不想学习，想玩，可内心总有一个声音在骂我不能这样堕落，于是我既不能好好地玩，也不能好好地去沉浸于学习。"还有一个刚上班不久的白领叫艾琳，她说道："我真的是自卑，觉得自己长得不好看，毫无工作经验，又没能力，情商又不高，每天上班就是一种煎熬。我该怎么办啊！"……从根本上讲，瑞恩苦恼的根本原因在于无法接纳或者排斥自我"堕落"的一面；而艾琳则是在不断地排斥自我中"不好"的一面。可以试想一下：无论是瑞恩还是艾琳，他们刚出生的时候，都是纯净而美好的，压根儿不知道什么是堕落、自卑、能力差或者低情商。那些所有的低价值感受和自我低评价，其实都是在后天成长过程中不断学习、不断被他人塑造的，这个"他人"多是原生家庭中的成员或其他人。

今年刚刚 5 岁的乔治在不太和谐的家中成长，他的妈妈是一个严苛的人，爸爸又经常酗酒，两人经常发生各种不愉快。妈妈经常

将对父亲的不满情绪发泄到乔治身上，比如说他可能正在写作业，刚与爸爸吵过架的妈妈便拍着她的脑袋说，你看你写的这是什么，你怎么这么笨，这么简单的题目都弄不明白；在外面逛街的时候，乔治想要吃一个冰激凌，却遭到母亲的谩骂，指责他不够懂事，只懂得向大人一味地索取……在无数次的亲子互动中，母亲总是会用自己的行为在向小乔治传递一个信息：你太过糟糕了，你总是让人失望，不配我好好对待你。在乔治的记忆中，不仅母亲对自己严苛，而且在学校里老师也对他不怎么友好，原因是乔治的学习成绩太差。于是，当他和别的同学闹矛盾的时候，老师都会先批评他，为什么不把心思放在学习上，而对别的同学的过错视而不见。实际上，老师也在用自己的行动对乔治表达不满：因为你成绩差，所以我不喜欢你，要想被我喜欢，就得提升学习成绩才行。

母亲和老师对乔治的看法，对于小小的乔治来说，都代表着无法反抗的权威，他无可奈何，只能通过"认同"的方式将这些挑剔自己的部分内化。这样，乔治的内在就分裂为两个部分：一个部分是他自身所拥有的、纯净而真实的自己；另一部分被母亲和老师等权威塑造了的自己，这个"自己"是不被自己接纳的、挑剔的和排斥的。后者让成年后的乔治内心始终装了一个"魔鬼"：母亲和老师等权威形象的内化，时时刻刻在不断给自己找碴、挑自己毛病、觉得自己不够好、不能接纳自己不好的那一部分自己。

乔治成年后，虽然他已经很早就离开了学校，远离了那位老师，母亲年纪也不小了，不再去批评他了，但是他们的行为变成了一个魔鬼的形象，一直幽居在乔治的潜意识中，只要找到机会，便会冒出来对乔治进行各种攻击。而机会从哪里来呢？从外面的人际关系中来。

乔治在人际关系上，貌似一直处于较为敏感的状态，尤其是对于外界展现出对他的稍加怀疑、批评或者排斥，他都会表现得异常愤怒。这种愤怒貌似是朝向外部世界的，朝向那个批评、怀疑或者排斥他的朋友、同事、亲戚等人，但实际上，这种愤怒是朝向他自己的：是心中的那个喜欢批评自己的魔鬼被外界的质疑、批评或排斥所唤醒，然后开始各种挑剔自己，挑剔自己不够好，挑剔自己不被爱。痛恨外界不爱自己，同时也痛恨自己不被爱，这是在人际关系中，愤怒来源的一体两面。

在乔治漫长的人生旅途中，他似乎知道自己内心经常被一个魔鬼撕裂着，但他不明白这个魔鬼的真面目是怎样的。它究竟源于哪里？如何才能将它驱赶掉？所以，在极长一段时间里，他只知道和这个魔鬼共舞，在相当漫长的成长道路上，听从潜意识这个魔鬼的指挥，时不时地向他人发脾气，还会时不时地挑剔、否定和指责自己。

那么，在现实中，乔治该如何去治愈自己呢？那就是学着去接纳内在那个被排斥的、不接纳的"自己"，从而最终与完整的自我达成和解，慢慢地去剥夺魔鬼对自己的主导权。成年后的乔治，走进了心理咨询室，他要真正地治愈自己。

乔治问道：如何才能好好地接纳自己呢？

心理师答："这是一条漫长的路，因为你已经习惯了二十多年的行为模式，不会在顷刻间就被瓦解，你可能需要通过一段新的良好关系，内射一个好的客体，从而试着去剥夺内在魔鬼的主导权。"

乔治问："那该是怎样的一种体验？"

心理师道:"你闭上眼睛,用心感受你内在的魔鬼是什么样的?"

乔治说:"好像能看见,它是冷漠的、严苛的、张牙舞爪的……"

心理师问:"这很好。那你能看到被它批评和指责的自己是什么样的吗?"

乔治说:"有些无助、害怕、慌乱和不知所措。"

心理师问:"那在当下,你最信任的人是谁呢?或者说,让你感到最舒服的人是谁呢?"

乔治说:"是我现在的女友,她是个特别温柔的女人,无论遇到什么事,她总是会冲我笑。不过,我总是会在无意间伤害她!"

心理师说:"好的。那你现在就做一件事情,把这个魔鬼的形象换成是女友的形象,看看怎样的感受?"

乔治沉默了一会儿说道:"貌似没有那么冷漠和无助了,心中好像有点光亮了,它只是冲着我笑,不再挑剔我了。"

心理师说:"对,就是这个体验。"

这只是一次简单的精神分析疗法,即帮助受伤者去感受和发现藏在潜意识中的"魔鬼",并且通过置换角色,帮助治愈者重新获得一种内在自我整合的体验。当然,有一次这样的体验,并不一定能根治内心的魔鬼,但是想要与魔鬼和解,总要首先看到它,才能慢慢地驯化它。如果你与乔治一样,总被因无法自我接纳而被冲突困扰,希望你也有能力看到自己内心的魔鬼,并和它说上一句:我不需要你再继续来审判我、挑剔我和指责我了,我觉得自己真的很不错。

重构自己的"内在系统"

美国著名心理治疗师苏珊·福沃德博士曾说:"原生家庭带来的伤痛,无法轻易被谅解,即使假装一切都没有发生过,内心的伤痛也难以疏解。我们也只有释放了内心的悲痛和愤怒,只有将责任归于那些应该负责的人——你的父母之后,真正的解放才能降临。"它旨在告诉我们,只有找到"病根",才能自我疗愈的开始。尤其是当你背着"伤痛"负重前行时,你完全可以告自己:我没有做错什么,所以不必负重前行了。要知道,与原生家庭和解的第一步是接纳和放下。当你做到了这一点,接下来就要学会重构自己的内在系统。

我们要懂得,在原生家庭中的受伤害者,通常有或自卑或自恋的父母。这些父母通过打击、摧毁孩子自尊或强有力控制的方式,以获得自信、自恋或满足感,他们眼中因为看到的只有自己,所以才常常会忽视孩子的感受,体察不到孩子因受到不公正待遇而导致的内心的悲伤、愤怒或无奈感。而身为受害者,要想与原生家庭和解,就必须通过观照自己的内心,看到自己的情绪,并去主动感受自己的情绪,告诉自己那个时候的自己有那种情绪是正常的反应,我们要接纳这些情绪,不管这些情绪是否符合社会伦理道德,先不要直接压抑,要学会接纳,当我们接纳了这些情绪,我们的那些伤痛才会慢慢愈合。

今年35岁的张新是北京某大型公司的技术总监。他的家庭状况很好，父亲是北京一所著名大学的教授，母亲是某家医院的外科医师。他从小就是在父母的鼓励下长大的，他清楚地记得，每次考试他获得好成绩时，妈妈会对他说："如果再努力一把，你完全可以拿到更高的分数！"因为在学校做好事，受到老师表扬后，妈妈会说："是做得不错，你完全可以努力去帮助更多的人！"就是遇到了挫折，爸爸则会给他打气说："这点小挫折算不上什么，只要吸取教训，你可以将它们踩在脚下，成就更优秀的自己。"……正是在这样的环境中，让张新成为一个有完美主义倾向的人，而且凡事都喜欢以自我为中心。

从小到大，张新都是怀着父母的高期望向前不断攀爬的，他的成绩不仅优秀，为人也和善，是老师和同学眼中的好孩子、好同学。周围的亲戚和朋友，也觉得他是一个了不起的人。大学毕业后，他就顺利地找到了一份好工作，而且建立起了一个幸福美满的家庭，几年时间便成为公司的技术总监。

在别人眼中，张新是一个优秀和成功的人，也极受人尊重，甚至周围的同学、同事都将他当成了榜样，处处都向他看齐。但是成年后的他是一个不善交往的人，平时也没什么爱好，不会娱乐，不会享受生活。在工作中他对自己的要求特别高，还很要面子，十分在意别人对自己的看法，所以活得不太轻松。

他总是觉得自己除了工作外，生活毫无任何乐趣，而且经常感到紧张、焦虑，不知道自己整天忙碌着到底是为了什么。周围的朋友都认为，他工作好、收入高，有花不完的钱一定幸福极了。然而，正是因为这丰厚的待遇以及优越的生活条件，让他觉得拥有金钱已经毫无意义。

但是，每次谈及童年的事情，张新便会认为自己是幸福和幸运的，正是有了爸爸和妈妈的不断鼓励，才成就了今天最好的自己。

……

在张新看来，他的父母无疑是爱自己的，但这种爱显得有些狭隘。他们很可能是为了满足自我满足感或成就感而忽视了孩子的真实感受。从家庭教育方面来说，真正的爱，不是简单的给予，不是及时的鞭策，而是在尊重孩子内心最真实意愿的前提下，给予他们适当的拒绝、及时的赞美、得体的批评、恰当的争论、必要的鼓励、温柔的安慰与有效的督促。不合理的给予以及破坏性的控制，都有一个共同点：给予者往往以"爱"做幌子，只是想着满足自己的需要，却从不把对方的真实情感体验当一回事。

生活中类似于张新的人有很多，他们要想真正地治愈自己，与原生家庭达成和解，首先要有一个极佳的自我反省能力，而且要有设身处地为他人着想的能力。因为他们对自己童年的世界没有清晰的认识，缺乏必要的尊重，总是想要控制和操纵它。谈及童年，多数人都会如张新一样，表现出无知、轻视，甚至会不屑、蔑视、嘲讽等，他们没能够认真地对待自己童年的命运，对此更是缺少真正情感上的理解，根本不清楚自己内在的真实需求是什么。他们将当初的遭遇深埋于心底，给自己留下了美好童年的幻想。这个时候的他就应在专业心理咨询师的指导下，先正视和认识到童年"阴影"的存在，然后开始更新和重构内在的心理系统。

至于张新心理上出现问题的根本原因在于：他自小就活在父母的期待中，在长久与父母的相处过程中，他已经将父母的角色深深地刻在了自己的头脑和内心，而且将他们变成一个角色来管理自己，不断地鞭策自己。

对于张新来说，他过去对自我的认知是父母帮他建立的。无论在学习与生活中，父母都会督促他：你要变得更好，要努力积极向上，即便是受挫时，爸爸也会告诉他要把自己不好的部分隐藏起来，踩在脚下，要么放在一个黑黑的仓库里。但是那些被他隐藏的部分总会在无意识中被他看到。当这个部分出来的时候，张新便会发现自己不仅被卡在焦虑与空虚的情绪里，还被卡在过去对自己的要求和期待里。当然，他的这种期待与他的父母有关，他自小在父母的督促下天天努力、不断上进，不敢有丝毫的懈怠，以达到那个"最好的自己"，最后就忽略了自己内在的真实情感需求，他完全把自己当成了实现理想自我的工具。所以，对张新来说，要解决当下的心理问题，要做的就是勇于打破内在的那个"父母"，在内心建立一个自己的"父母"。在小时候，我们对自我的认知都来自父母，但是对于成年后的张新来说，他的心智足以成熟，足以有能力在内心重建一个内在的自我认知。当然，这是一个艰难的过程。比如，当他在工作表现欠佳、劳累无比时，当有内在的"父母"出来指责他的声音出现，"你不够好""你得努力""你不能松懈"等，他完全可以以内在父母的口吻，将这些话换成："宝贝，你已经做得很好了，如果能停下休息一下，出去放松一下，会更好。"他可以在自己内心做一个决定：将小时候内在的"父母"对他说的话，换成另一个父母说给自己听。换言之，他要创造一个自己想要的父母，通过暗示作用，将其放在自己的内在意识中。

在生活中，假如他的爱人埋怨他，孩子不理解他，这时候他的内在父母可能会出来指责他说："你看你，什么都做不到。你必须努力才行啊!"当这个声音出来的时候,他完全可以马上开启一个新的频道,使用妈妈过去说话温柔的语音语调,然后加上他喜欢听的话,比如:"宝贝,妈妈知道你受伤了,过来,让妈妈抱抱、拍拍。"这个时候,他可以闭上眼睛,想象自己在一个温暖、安全的地方,有人在保护自己。

在这个过程中,张新完全可以向内在的另一个"父母"倾诉自己的痛苦,然后尝试着去接纳这些痛苦,去感受它们,将它们变成自己生命中的一部分,最终去改变当前不恰当的行为,让自己得以治愈。

在现实的心理治疗中,打破原有的"自我旧系统",是一个不易的过程。因为我们成年之前的自我认知系统的建立,都源于我们的原生家庭,很多时候源于我们的父母。正是这套系统,无意识地指挥着我们的行为,引领着我们走到现在,并通过内在的负面"阴影"与正面、积极的能量影响着我们。而一旦你卸掉内心的戒备,便会体验到五味杂陈的情感:愤怒、焦虑、痛苦、迷惘,尤其是悲伤。在你心中根深蒂固的父母的形象便会毁于一旦,必然也会引起强烈的失落感和不被接纳感。这时就要给自己留够充足的时间来吸收和消化这种情绪,当你敢于正视它们确实存在的时候,就是你需要自我反省的时候。当你通过深刻的自我反省感知到自己的负面信念是如何影响自我情绪,而自己的保护策略又是如何影响自己的日常生活的,那么你就能看到另一个世界,这个世界才是真实的世界和通往幸福的世界。这个时候,你就要告诉自己,你是自由的,你可以自己重新构建自己的认知思考和情绪,然后慢慢地将这些负面"阴影"给清除出去。

接下来，你便可以启动你的改变之路了。当你接受自己原本的样子时，你就能改变了。改变并不是强化保护策略，而是砸碎这层厚实的外壳，透出内在的光亮，让你和你身边的人都活得真实，且更具人性更有意义。这个时候，你会认识到尽管你是不完美的，尽管你有这样那样的缺点，甚至缺陷，你也要对自己满意，为自己骄傲。当你接纳自己的不完美，就是你自身价值得以提升的时候。当你真实地认识到自己的价值，也就意味着你的心灵走向了成熟。

再接下来，你就可以通过具体的练习策略，来重新构建和更新自己的内在系统。比如，你可以做出一些让别人失望的事情，可以带着好心情对别人说"不"……当你情绪激动的时候，你试着将自己想象成一头驴，运用"母驴冥想"的方法对待别人发来的"攻击"，这时你可以让自己保持独立自主的状态，等等。当你与内在自己的关系越来越好，便也会和蔼地对待身边的每一个人，与他人的关系也会越来越亲密。

在这个过程中，请记住一句话：只有我们允许成为我们自己，才能获得自由，获得成功人际关系的基石。我们必须接受自己的缺陷、伤害、错误和对完美的幻想和追求，接纳一些不确定和不安全感，才能达到治愈的目的。

美国作家斯科特·派克在《少有人走的路》中说："真正意义上的爱，是不断自我完善，也意味着心智不断成熟。"而与原生家庭和解，就是自我不断完善的过程，也是心智不断成熟的过程。而如果我们不去跟内在的父母达成和解，就很难真正地去爱自己。

第二部分

挖掘创伤产生的根源：在成长中获得治愈

真正地治愈自己，除了要客观公正地看待原生家庭带来的创伤外，还要懂得去分析和挖掘创伤产生的行为根源与心理根源，必须知道我们的创伤是从父母哪些不当的行为中产生的，他们产生这些行为的心理动机是什么，这有利于我们后期在疗愈过程中采取有效的方法治愈自己，并让我们在此过程中获得心灵的成长。

　　这一部分，我们列举现实中最常见的几种心理创伤的具体表现，以及它们具体产生的行为原因与心理原因，并提供一些简单的自我治愈方法。我们不会说通过本书的一些疗愈方法，你的问题会在一夜之间迎刃而解，这既不现实也不负责任。我们只希望这些方法，能让你的痛苦和烦恼减轻一些，能全面地了解自己内心痛苦或人际关系的障碍产生的心理根源是什么，为你彻底地治愈自己提供一个参考的方向。

　　成为一个内心健康的成年人，并不是件简单的事。从创伤中走出来，你会经历一个艰难而疲惫的过程：准备好应对挫折和失误，从上到下、从前到后、从里到外地磨炼自己。焦虑、恐惧、内疚和困惑对任何人来说都不可避免。但这些魔鬼将再也无法控制你。这，才是关键。

当你真正地通过有效的方法治愈自己,你能更好地把握过去和现在与父母的关系时,你会发现你和其他人的关系,尤其是和自我的关系,会获得极大的改善。你会发现你将拥有享受自我人生的自由。

我们要清楚的一点是,消除原生家庭不和谐的因素或冲突对自己造成的负面影响是一个循序渐进的过程。但是最终可以使你内心的力量得到释放,使你隐藏多年的自我获得解放,你将找回自己本应该成为的那个富有爱心、独一无二的人。通过共同的努力,我们愿意帮助你挣脱束缚,成为自己生活的主人。

每个人都有心理年龄：幸运的人一生都被童年治愈

一个人有生理年龄，也有心理年龄。那些成年后在心理上出现问题的人，大多是在其幼儿成长的不同阶段，受到了来自父母不科学或不合理的对待。而那些幸运的人，之所以一生都能被童年治愈，也是因为他们在成长的每个阶段，父母都给予了他们充足的关注与慰藉，让他们顺利地从自闭、共生期，迈入分离期，然后再顺利地在竞争与合作期逐渐成长成为一个心智成熟的健康的个体。将个体心理分为以上几个时期的是玛格丽特·马勒，她是匈牙利精神分析学家，其具体观点为：

第一阶段：1个月前的自闭期；满1个月到6个月时的共生期；

第二阶段：6个月到3岁时的分离期；

第三阶段：3岁到5岁的竞争与合作期。

马勒认为，个人心理发展的每一个阶段都有一定的任务、挑战及冒险性。在发展阶段期间受创伤或是让某些任务未完成，就会导致严重的心理障碍。发展障碍几乎不可避免会牵涉孩子与父母或父母代替者之间的关系。也意味着，我们成年后的很多心理问题，都可以在人生不同的心理发展阶段去寻求答案。下面我们来了解个人心理发展每个阶段的具体表现。

第一阶段：马勒认为孩子在刚出生1个月前是正常自闭期，大部分时间在睡觉，只沉浸在自己的简单世界里，需要妈妈的抚摸和照顾。这个时期属于一元关系，即孩子一个人只看到自己的意志，只感受到自己的感受。他希望别人都来配合他的意志，在关系中，只能是他说了算。

满1个月到6个月时与妈妈是处于共生状态的，因为刚刚出生的婴儿需要抚育者无微不至的照顾和关注。那个阶段的他们，尤其是孩子会觉得"我就是妈妈，妈妈就是我，我和妈妈的身体和心理是一体的"，这样的共生是必须的。这个阶段，母亲也会产生"共生"心理，即母亲将孩子视为了"我"的一部分。即母亲看到孩子，觉得自己是存在的，是有价值的，如果看不到孩子，就找不到存在感了，找不到自己的价值了。这个阶段母亲要给予孩子充足的爱和关注，以满足他们共生阶段的各种需求。当孩子知道自己是被爱的，就为接下来的分离打好了基础。如果妈妈总是不能及时满足宝宝，那么这种不被满足的恐惧感会进入他的潜意识中，长大以后可能会过于依赖恋人，以填补其未被满足的需求或爱，或者他们根本不敢进入亲密关系。

但孩子在6个月到3岁的阶段，是个体进行分离的时期。在这一阶段，孩童要达成一种和母亲分离开的精神内在意识，他们开始逐渐地产生"我是谁"的觉察。在这一阶段，孩子已经意识到自己跟妈妈是两个独立的个体，但是还不想放弃对妈妈的控制权。比如生活中，我们经常会看到2岁左右的孩子，躺在地上东翻西滚，哭着要妈妈抱。妈妈刚开始不搭理他，但是看他哭得上气不接下气的样子，还是忍不住抱起了他。这其实就是孩子跟妈妈的博弈过程，虽然他知道妈妈不会什么事情都满足他，但是他还是想通过各种手段和方法来控制妈妈。

也就是在一次又一次地拉锯战中，孩子会意识到"我与妈妈共存"，进入二元关系阶段。二元关系，即指一个人意识到，另一个人是和自己一样独立存在的，有自己的感受和意志。他能共情对方的感受，也真能尊重对方的意志。在这个阶段，很多妈妈会感觉到孩子越长大越不听话，就是因为孩子在不断地试探妈妈，当妈妈在一定的原则和底线之下满足孩子的需求，孩子的安全感才不会瓦解。

当然，在这个阶段，最是考验妈妈育儿智慧的时候。因为孩子内在心理方向尚未孵化完成，这时妈妈如果过早地将他们"遗弃"或不再继续供给他们足够的爱和关注，让他们自行设法去成长，则孩子很可能发现自己很难弃掉他们那种共生性的护持行为。当然，这时候妈妈给孩子爱与关注，是讲究原则的。即要在孩子需要的时候充分地给予，比如当孩子站立摔倒、哭泣时，要给予他们以心理上的抚慰；在孩子需要妈妈扶助性的行走时，妈妈要给予充分的支持，等等。同时，在孩子自行摸索着追求独立期间，也不要以爱的名义去干扰或打断他们去探索性地走向独立。

一个名叫马克的男孩，在6个月到3岁的成长期间，母亲因为无法平衡地给予支持和爱，只能对他的成长袖手旁观，结果使马克的心理状态始终停留在共生阶段。因为后天疏于理会自己的心理问题，他在成年后经常陷于与情侣分手后，出现痛苦不堪的状态甚至产生过数次轻生的想法。

还有一个名叫丽莎的女孩，在其6个月和3岁成长的关键阶段，她的母亲因忙于家务，有时会避免与她有亲近的身体接触。当妈妈闲下来的时候，便经常会为了保护她而打断她的独立活动，去干扰性地抱她、护她。这也致使她在成年后的亲密关系中出现了同马克一样的心理问题。

总之,在孩子3周岁之前,应该建立"心里住着一个爱的人,同时形成自己的个性"的心理状态,以为孩子进入三元关系打下基础。

另外,在这个阶段,也是考验妈妈心理健康的关键时期。在孩子逐渐走向独立的过程中,妈妈一定要做好与孩子从共生到各自独立的心理转变的准备。有些妈妈在这个阶段中无法接受孩子的索求,所以给予不了他们足够的爱与关注,致使孩子在成年后出现心理问题。还有一些妈妈却无法面对孩子逐渐出现的分离,即孩子越来越独立的事实。由于他们本身的共生与寄生需求而产生的焦虑,有些妈妈乃就近守候并随时跟着孩子,这样的亲近或会驱使孩子更努力或具有抗争性地去争取自己的独立。这也意味着,此时妈妈的心理还处于与孩子的共生期,即便在孩子成年后离开自己,仍无法接受或感到心灵的空虚。

以上两个例子,都发生在孩子3岁前,这期间因为妈妈是主要的养育人,所以一元关系和二元关系都是以孩子和妈妈的关系为主。而孩子到3岁以后,爸爸便开始逐渐地进入孩子的世界。所以,3岁到5岁,孩子的心理成长期就进入了三元关系,具体指的是一个人能意识到关系的复杂之处。在复杂的关系中,他能同时看到我、你和他三个人的感受和意志,并尊重这个复杂的三元关系中的竞争与合作。

在这个心理发展阶段,当孩子逐渐地发现他处于"我、你(妈妈)、他(爸爸)"的三元关系中时,会出现爱一个、恨另一个的情绪,但是父母是生养他的人,他又不能只有恨。所以,孩子会逐渐调整跟父母的关系，恨中有爱，爱中有恨，这样就形成了竞争与合作的复杂的关系，然后逐渐延伸到与外部世界的关系中。这个时期是孩子心理发展的敏感期，身为父母就需要更加尊重孩子的个体意识，将他当成一个独立的人去尊重、去付出真挚的爱，同时也要给孩子立规矩，让孩子既能获得父母全部的爱，又懂得遵守规则。

在这个阶段，父母具体做的就是要给予他真挚的爱，尽力地去接纳他，给予他独立个体应有的尊重，让孩子明白，这个世界除了他，还有其他人，而且这些人都是充满善意的。

在这个阶段的成长过程中，有的父母为了教育孩子听话，会采取关孩子禁闭或将孩子锁在门外的方式以惩罚他们。这种方式是极为不可取的，怀特是一位教育工作者，他经常与朋友谈及他上幼儿园时的一段经历：因为调皮捣蛋被爸爸关到门外，情绪特别崩溃，有被遗弃的无助，还有怎么哭喊都没有回应的惊慌。那种感觉他记得特别清楚，以致后来再被丢出门外，他已经完全麻木了，再也无法建立起与父母之间的信任关系。这个时期，教育孩子是没错的，给孩子立规矩也没问题，但是一定要注意方式和方法，切勿用极为粗暴的方式去打破孩子建立起健康、积极的三元关系，以使他们在未来能更好地去应对人生中的多元关系。

曼彻斯特大学心理学教授埃德·特洛尼克，曾经做过一个非常有名的静止脸实验，他让妈妈先和孩子做各种互动，孩子玩得非常开心，积极响应。

然后让妈妈换成没有任何表情的脸，孩子发现不对劲后，想要引起妈妈注意，但是无论孩子怎么做，妈妈始终面无表情，一点都不回应孩子，最后孩子崩溃大哭起来。

想一下，这个实验中的妈妈只是冷漠地不回应孩子，孩子都会伤心绝望，那么为了惩罚孩子而以粗暴的方式去对待他，对他造成的心灵伤害更加难以预估。

了解孩子每个阶段的心理成长，对我们分析具体的心理创伤之根源并采取有效的方法去治愈创伤有着极为重要的作用。同时也警示所有的父母，不要觉得小孩子没有记忆，然后便去随意地对待他们，以给他们心灵留下创伤。马勒的幼儿心理发展分析告诫我们，父母在孩子 6 个月之前，一定要竭尽全力去满足孩子的需要，会让孩子产生"我是被爱的"的幸福感，在 6 个月到 3 周岁时期，才会帮助孩子逐渐建立"我是我，你是你"的独立意识。而孩子 3 岁到 6 周岁这三年里，父母跟孩子之间的三元关系，会让孩子明白世界是多元的，我需要做好自己，也要尊重并接纳别人的存在。如果能让孩子顺利地从一个阶段过渡到另一个阶段，最终发展成为一个心智成熟的个体，那么，其一生都会被童年治愈。试想：与其过于关注孩子的成绩，给他们营造一个健康心理成长的空间更为重要得多。

不堪承受的分离之痛："离开你，我活不下去"

在亲密关系中，会有这样一种状况叫："离开你，我活不下去。"这里的"离开"包括主动与被动离开，"活不下去"指失去这段关系，或没有你在身边，痛苦的程度堪比死掉。在心理学中，被称为分离焦虑。这种分离焦虑，多发生在情侣或夫妻间的，比如一方提

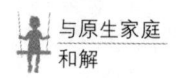

出分手,而另一方则会痛苦万分,感觉自己的精神世界崩溃,人生处于黑暗、迷惘状态,从而产生比死亡还难受的情绪。这是一种心理病态的体现,而这种病态多数源于原生家庭。

张刚与刘青在大学三年级的时候便陷入了热恋,他俩是在一次聚会上认识的,两人可谓一见倾心。后来,到毕业时,张刚因为工作的原因,到了北京,而刘青则因为家人的原因留在了武汉。刚分开的那两年,张刚每逢假日都会到武汉去找刘青,刘青也偶尔会到北京去与张刚团聚。但时间一久,刘青感觉疲倦异常,再加上刘青的家人也催促着她赶紧找个本地人结婚。于是,刘青便对张刚提出了分手。

可张刚难以接受这个事实,于是就辞掉了北京的工作,到武汉去找刘青。可此时的刘青已经在父母的安排下准备和当地的一位男性步入婚姻。后来,无论张刚如何哀求,刘青都坚持与他保持距离。几个月后,刘青顺利地结了婚。这让张刚异常难过,他觉得自己的人生顿时都灰暗了,于是便有了轻生的想法。那段时间,他不停地给刘青打电话,但对方始终没理他,这便加深了他的绝望。随后,张刚开始不停地给刘青发信息,说若她不肯回头,就死给她看。这可吓坏了刘青,在万般无奈下,刘青便联系了张刚的家人,希望他的家人照顾好他,以免让悲剧发生。可出人意料的是,张刚的家人也没把这当一回事。一周后,张刚说他还是无法接受刘青离去的事实,便割腕寻死,后来幸亏被室友及时发现,才将他送到了医院。刘青到医院看到虚弱异常的张刚,难受极了,不知道该如何是好……

张刚的行为属于典型的"分离焦虑",他之所以出现分离焦虑,根据玛格丽特·马勒的理论，可能是因为他的心理年龄还停留在婴儿时期的混沌共生期，或者说他在 6 个月到 3 岁时，正处于个体分离期时没有被好好地对待，从而未完成自我个体的分离。所谓的混沌共生，指的是人与人之间，像是缠绕在一起，缺乏清晰的边界，无法区分"你是你，我是我"和"谁的事情，谁来负责"。也意味着，处于混沌期的人，个体没能与母体完成分离，所以这样的人缺乏独立的自我意识。比如，那些在失恋后寻死觅活的人，会觉得"离开你，我活不下去"，是因为天天在一起的两个人，一旦有一方生出分离的愿望，便意味着这个共生的幻想将会遭到破坏，于是不想分离的另一方，会感受到被抛弃，进而感觉自己离死不远了一般。这时，不想分离的一方便想着拼命去抓住这段关系，以在那里找到控制感，进而继续活在混沌共生的幻想里，只是对方未必配合。

实际上，健康的恋爱或婚姻关系一定是相互独立个体的互相欣赏，是亲密有间的。你要与爱人保持亲密，是因为你个体上需要链接感，精神上需要爱。在保持亲密的过程中，当你体验到与对方合而为一时，则会产生巨大的愉悦感。同时，健康的恋爱关系也是需要分离的，在分离中成为自己，进而让自己的生命触角能探索和感知到生命更多未知的精彩领域。那种"我离了你，就活不下去"的人，本质上是在追求婴儿时期没被满足的共生感，他要求：我中有你，你中也必须得有我，否则，你若要跟我分开，自我的意义便消失了，成长也自然不存在了。

泰国电影《永恒》讲述的是庄园的主人帕博老爷有钱又沉溺女色，便对美貌而富有智慧的女子玉帕蒂一见钟情。于是，帕博对她展开攻势并赢得芳心。而尚孟是帕博的侄子，从小就父母双亡，被叔叔帕博抚养长大。他从缅甸森林大学毕业归来,就开始帮叔叔打理林场。

但是,在日常交往中,尚孟与玉珀蒂(侄子与婶婶),便暗生情愫,终于在某一日两人抑制不住感情,越过了伦理的防线。在帕博发现自己的侄子与自己的爱人的暧昧关系后,不是用暴力将两人拆散,而是拿来了一副手铐将两个人铐在一起。对此,两人开怀大笑,仿佛两个人可以永远地在一起了。帕博对他们说,"既然你们那么相爱,你们想在一起,那就让你们永远在一起。"一开始,他们很幸福得生活在一起,手牵手,在树林中狂奔,趟过小溪水,像孩子般躺在床上嬉戏。此时此刻,爱情带给他们的是亲近和甜蜜,他们是如此的快乐和幸福。

对此,帕博则说道:"走着瞧吧,不久就能看到真相了。"

一个人的左手铐着另一个人的右手。生活带来的种种不便,开始引起这对年轻恋人的种种冲突。誓言中会永恒存在的美好爱恋,却因这铁链的牵绊悄悄产生了裂痕。两人开始互相埋怨、互相指责。最终,这个象征爱情永恒的"手铐"导致了玉珀蒂与尚孟走向了毁灭,结局是如此的令人震撼与惊悚。

尚孟与玉珀蒂的爱情经历告诉我们,永恒的爱情一定是亲密有间的,两人既有亲密的链接,也要保持个体的互相独立,一定是"我是我,你是你,我们在一起。"

一个生命,是逐渐走向更开阔的世界的过程,好的婚恋关系,应该终会导向这个结果。如果在长期关系中,你或者对方都活得越来越狭窄,生命视角都越来越狭隘,那就要静下来好好反思一下自己,你们是否正处于混沌不清的共生关系中。

那么，在现实生活中，处于混沌共生关系中的人，该如何去自我疗愈呢？

第一，要通过自我觉醒认识到你的分离焦虑与无法独立有关。无论是你无法接受失恋现实，还是觉得自己离不开某个人，其实就是心理上不独立造成的。当你意识到这个问题，就有了改变的可能。接下来，你要做的就是让自己的心灵成长，从混沌的状态中走向独立。这期间，无论做什么事情，都要告诉自己：我们每个人都是独立的个体，都有自己的主张、自己的选择，而自己当下能做的就是直面痛苦和焦虑，然后慢慢地让自己成长。

当然，在这个过程中，你也可以尝试"最坏打算法"，即这件事情如果出现最坏的结果，自己是否能承受。比如，你可以在失恋后问自己：自己没恋爱前的几十年不都是一个人生活得好好的吗？他（她）离开了，自己还是过以前的生活，没什么大不了的。

第二，鼓起勇气，让自己直面痛苦是一个人心智成熟的必经之路。直白地说，有"分离焦虑"的人，是心智不够成熟的标志。要想让自己获得成长，一个简单有效的办法就是让自己直面困境，直面分离带来的"痛苦"，并用心去拥抱和接纳这种痛苦，用心去感受它们，让它们成为你生命中的一部分。

露的丈夫是在一场车祸中丧生的，她与丈夫刚结婚不久，两人感情正处于甜蜜期。当她得知这个消息时，悲痛欲绝的她完全没办法让自己平静下来，那个时候，她也觉得自己的生命顿时没有了意义，有点撑不下去了。好在她的身边始终有闺蜜陪着，不断地被安慰。但是近半年来，每当想起死去的丈夫，无论她做什么、想什么，心都是刺痛的。她知道，要让自己摆脱痛苦，唯一的办法就是让自己忙碌起来。她将所有的精力都投入工作中,但是只要一静下来,甚至只要走路停下来一会儿,那种哀伤就会袭上心来,令她无法招架。后来,露不再逃避,不再没事找事地瞎忙,当丧夫之痛袭来时,她让它涌上心头,看着悲痛一点点地走近自己,然后渐渐地消退,虽然想到仍旧会难过,却能让她慢慢地平静下来。

最后,她终于战胜了自己,她已经可以不必再抗拒那种情绪,她明白最痛苦的那一刻已经过去了,她想着属于自己的生活。

"我可以再次体会人生的快乐,那些痛苦已不是现在的事了。它只是我人生的一部分,而我人生其他的道路,还可以继续走下去。"这是走出伤痛后,她所说的第一句话,她的坚强让人肃然起敬。

面对痛苦,越是逃避、抗拒,它对你造成的伤痛越强,而当你勇敢地去面对时,就像露一样,让痛苦尽情地涌上心头,看着悲伤一点点地走近自己,然后渐渐地消退,最终让它成为永久的过去,而自己的心灵也在此过程中获得了锤炼和成长。

第三,不断地提升自我认知,更新自己的内在系统。提升自我认知和不断地更新自我内在系统,是让自己心灵获得成长的有效途径。所以,生活中,你可以通过阅读和思考来不断地更新内在自我认知体系,从而让自己心灵不断地走向成熟。比如,美国作家斯科特·派克在《少有人走的路》中说:"某个人觉得离了谁都活不了,以轻生或者自杀相威胁,那不是爱,而是依赖感。确切地说,那是寄生心理。没有别人就无法生存,意味着你是个寄生者,而对方是寄主。你们的关系和情感没有自由的成分。他们是因为需要而不是爱,才结合在一起的。真正的爱是自由的选择,而人不一定非要生活在一起,充其量只是选择一起生活罢了。"当你真正地读懂这句话，体会到其中的道路，便也会释然许多。

"安全感"缺乏者：内心大多藏着极深的恐惧

"我总是感到不安和焦虑"，是缺乏安全感的一种典型感受。所谓的安全感是指，可能对出现的对身体或心理的危险或风险的预感，以及个体在应对处事时的有力或无力感，主要表现为确定感和可控感。生活中，因为内心缺乏安全感的表现有许多，比如在感情中怕受到伤害，所以一直不敢与人亲近；怕被人嘲笑、被人拒绝，所以不敢与人有过多接触；找工作，过于追求那种长期稳定且有保障类的岗位；做决定之前总是患得患失，过度地担忧；缺乏自信，过于在意别人对自己的看法；在关键的时候总是希望能依靠别人，希望别人能够帮助自己，同时，内心深处对自己和别人都不够信任，对生活周围的人与事总是抱着怀疑的态度，有时会觉得自己的健康出了问题，对死亡有着异常的害怕……总之，那种失控后内在的撕裂感，真的让人异常痛苦。

不安全感的实质是"恐惧"，我们所说的缺乏安全感，其实就是指我们的内心掩藏着极深的恐惧，因为这些恐惧，我们的内心受到了严重的限制，我们活在对这些恐惧的奴役中，对外构建了我们受限的外部生活。这些恐惧究竟从何而来，实际上都可以从我们的原生家庭中寻找到答案。

张敏是大学时期公认的校花，身材高挑，肤白貌美，而且成绩优异，家境也出众。当时学校有很多男生都将她奉为"女神"，还有不少直接对她展开过猛烈的追求。四年时间，她的两个恋爱对象都极为优秀。毕业后，围绕在她周围的也都是不错的男性，有年纪轻轻便创业的，还有外企的高管等，他们爱好广泛、眼界高远，有格局也极为有趣，但张敏嫁的却是普通男性，尤其是与那些当初追她的那些人相比，无论是长相、身高、学历、工作还是家庭状况，都极其普通，甚至为人有些木讷无趣。

　　直到大家在一次聚会上与张敏聊天的时候，才明白了其中一些缘由。张敏说，她的父亲就是一个非常优秀的男人，有钱、有趣，而且长得帅，懂浪漫，是能让众多女人一见倾心的那种人。他自小对张敏很好，但对妻子不怎么负责任。这些年来，在外面找的女人两只手都数不过来，而张敏深知这些事实，自己的母亲却不知情。她为了保持家庭的完整性始终忍受着。自小到大，张敏曾无数次地看到母亲偷偷地流眼泪、哭泣的情景。这就使得张敏自小就对那些太过出众的男性有一种抵触心理，总觉得会在他们的身上看到父亲的影子，反而是她先生这样的男人，更加让她觉得安心。在张敏看来，他虽然平凡普通，没有任何花哨的技巧，只知道以最朴实的方式爱她。同时，他不张扬、不浮夸，却很温暖、很真诚。但是，两人结婚后不到半年，张敏的感情便出现了"危机"。她向朋友倾吐道："之前从不喝酒的老公最近爱上了喝红酒，隔三岔五就会和几个好友晚饭后喝点红酒，但是也喝得不多。有好几次，张敏打电话过去，老公可能因为没听到手机铃声，她便一改温和懂事的样子，大发脾气。待老公回到家后，她便像"泼妇"一般，对老公三令五申地说，以后无论在怎样的情况下都要立即接她电话，不然就不许出去喝酒吃饭了。

对于张敏的反应，老公不理解，觉得她反应太过激烈，完全是在小题大做。其实，张敏对老公的人品还是极为相信的，她也不是觉得他在外面会花心，苦恼的是他在外面瞒着自己做什么而不接电话。她对朋友倾诉道："你知道吗，每次只要电话响三声找不到他，我就会陷入一种恐慌……我十分担心他会出什么事，酒喝多了会不会出什么意外啊！比如遇到车祸，或者被人打劫什么的。"那段时间，她还曾联想到老公出了意外，再也没回来。她自嘲道："你说我是不是很可笑，可我总是陷入这种感觉中无法自控。"……

从张敏挑选对象到她在婚后的一系列表现来看，她是一个极度缺乏安全感的人。她尽管各方面都很优秀，完全可以选择一个更优秀的男性，她却找了一个各方面都一般的男人。对于她而言，她走入婚姻，完全是为了获得安全感，而不是作为一个独立的个体与另一个独立的个体一起去探寻生命的意义。在步入婚姻后，她则又会因为丈夫偶尔的不接电话而烦躁、抓狂，陷入焦虑中无法自拔。当然，出现这种状况与其童年时期父亲的一些行为有关，但还有其在童年期间，尤其是3岁之前对爱的渴望没被满足有关。心理学家武志红曾说过，在家庭中，我们喜欢说，一切都是为了孩子，但实际上，我们是最容易忽略孩子的。中国父母容易认为，孩子3岁前怎么对待都可以，反正记不住。但其实是，孩子越小，越需要呵护和照顾，特别是前6个月，如果婴儿严重缺乏爱，那会导致最严重的心理问题，其中一点就是安全感的缺失……而恋爱，是对童年早期经验的修正。童年早期的创伤和渴望，在恋爱中都会呈现出来。既然婴儿时期没有获得妈妈好好照顾，这会导致在恋爱中"找妈"。并且越是匮乏,"找妈"的欲望也就越强烈,所以相对更匮乏的女人们,即便在感觉上更容易被雄性的男人吸引,但真到了要抉择的时候,还是选择更"母性"的男人,尽管那个男人极其无趣,但他们身上那种老实、本分、不出众的能力总能深深地吸引她们。所以,张敏对安全感的缺失,很可能是因为她在3岁之前没被好好地对待。因为按照正常的心理发育,如果张敏在原生家庭中获得了足够多的爱,那么到了大学毕业的年龄,会去寻找一个相对独立,并具有开拓性、有大格局、大视野的雄性十足的男人。但这样的男性本身充满了各种不确定性,最终都遭到她的拒绝,因为她只是生理年龄成熟了,而心理年龄还是一个婴儿,内心渴望获得安定、稳定和确定的关系,这可以安抚到她那颗惶恐不安的心灵。

另外,弗洛伊德说过,当个体所接到的刺激超过了本身控制和释放、能量的界限时,个体就会产生一种创伤感、危险感,伴随这种创伤感、危险感出现的体验就是焦虑。张敏在给老公打电话时,对方未接,这件事触及她童年时期的某处创伤,进而让她陷入极大的恐慌中。那么,在现实生活中,像张敏这种内心安全感匮乏的人该去如何安抚和治愈自己呢?

1. 要安抚和治愈自己,先要与原生家庭和解。安全感的匮乏源于婴幼儿时期,妈妈没能随时回应你,属于童年创伤。但也切勿去迁怒于妈妈,那可能不是妈妈故意而为之,当时妈妈可能没有这个能力、意识或时间去全身心地照顾你。同时,当安全感缺失时也不要迁怒于你的伴侣,伴侣并不是你的妈妈,而且你已经长大了,再不是那个可以随时需要有人关注和照顾的婴儿了,我们不能把妈妈的失误移情到伴侣身上。

生活中，我们很多对"关系"的渴望和依赖，皆源于安全感的匮乏。从实质上讲，依赖是我们敢于把自己的一部分，可能是我们的柔软脆弱、自己不能接纳的部分，甚至生命，都敢于交给另一个人保护，替我们管理，所以你所依赖的对象又可以叫作安全基地。反过来说，我们将自己内心深处的东西交给你，你却突然消失，一旦有一次交付失败，便会引发你内心深处深深的恐惧感。这个时候，就要告诉自己：我不能把自己交给你了，你太随机了。我要把它收回自己手中，因为自己才是最可靠的那一个。如此这样经常来安抚自己，慢慢地它就会转化为你内在认知的一部分，慢慢地让内在不安的心灵得以安抚。

2. 培养独立的精神世界。安全感的匮乏者，通常会在某物或某人身上找精神依恋或依附。这种感觉实质上是心智的不成熟，"我还是个宝宝，不能独立，我必须依托你，让你来满足我、供养我和保护我"。所以，缺乏安全感实际上就是个人精神世界不够独立。了解了这些，我们就必须学着去培养自己独立的精神世界。比如，你可以通过坚持阅读来丰富自己，通过旅行或约好友一起去找寻独属于自己的世界，拓宽自己的眼界和心胸，慢慢地让自己独立起来，让心灵成长和独立起来。

另外，生活中，有些人会对工作或钱财产生依赖感，那是因为对自身价值的不确定或觉得自己创造不出来这些东西，所以就特别希望另一个客体能够来满足自己。这也是缺乏安全感的表现。这个时候，我们就要通过有效的努力，提升自我价值感，增强自信心，以摆脱对他人的索取。

总之，要寻找到"安全感"，实际上就是要最大限度地减少内心的恐惧心理。要找出你恐惧的根源是什么，然后再用正能量一点点地消除它或驱散它。当你内心正能量满满的时候，做起事来就比较自由、比较大胆，不会担心这个、害怕那个。即便是做错了，也能够放自己一马，然后原谅自己，而原谅的背后是"不害怕自己是不好的"。所以，什么是安全感？安全感就是接纳自己不好的一面。

控制欲者的焦虑：失控意味着内心世界的崩坍

一些朋友，经常会向周围的朋友抱怨自己被"控制"的经历：

"我都27岁了，生活中几乎没有隐私，经常会被妈妈控制。比如看到我在看恐怖的电视，她会立即关掉电视，说这不利于我的身心健康；我每天出门前，她都会翻看我的包，生怕我落下了钥匙、手机等重要的东西；我的手机也经常被她查看……这种控制几乎伴随着我成长的过程，记得小时候为了不让妈妈进入自己的房间，会把门给锁上，可锁头却全部被父母给拆掉了，自己的日记和手机母亲也会偷看，甚至在长大后，自己在洗澡时母亲也会想办法推门进来，我毕竟是个成年男人，那种尴尬的场面至今让我难以启齿……我经常说她，别太对我的生活有干涉，她却总是说："自己就想知道儿子在做什么，难道我有错吗？"

"我老婆是个控制欲极强的女人，手机经常被她翻看，我单位的同事，她都试图去打听。连我办几张信用卡，她都要一一地核实；每个月到手的工资，必须一分不少地要交给她……最近，连我出去和谁应酬，她都要追根问到底……这种日子真不知道自己还能坚持多久！"

"我的上司是个强控制欲者，总是自以为是，所有的事情都必须按照她的安排来，下面的员工只要提出不同意见或建议，就会遭到她的否定甚至批判。比如一个文案稍微偏离了她的思路，便会被否定，让你重新来写，而且必须严丝合缝地依照她的想法去执行……当下的自己仿佛变成了一个只能无条件执行她命令的'机器人'！"

……

生活中，那些有强控制欲的人，总是希望能对某件事或某个人有绝对的占有权，一切必须按照他的意思执行，不允许出现任何差错。一旦他们的控制欲未被满足，便容易产生焦虑乃至痛苦的情绪，容易对自己和身边的人造成伤害。另外，控制欲强者，凡事喜欢亲力亲为，因为这样就可以让自己获得掌控感。同时，他们对别人办事就不大放心，他人做完事后自己必定再核对一遍。

在与人相处的时候，强控制欲者会呈现出两种状态。如果其在一个群体或在一段关系中占优势，就会开始领导他人，开启自己的控制模式；如果其在一个群体或在一段关系中占弱势，便会感到茫然，会对自己的软弱无能深感自卑和不安。比如，有些控制欲强的父母，在孩子小的时候把他们控制得死死的，但当孩子独立后，发现自己无法控制他时，便会感到茫然、沮丧，然后会常常向人抱怨孩子的所作所为。

从心理学的角度分析，控制欲强者，期望自己范围内的事情都要在他们的掌控之中，任何的失控，无论事情大小，都会让他们感到崩溃。对他们来说，外界的失控，就意味着自己内心的崩溃。接下来，便会陷入焦虑、不安、恐慌等情绪中进行"自我折磨"和

"自我攻击"。"内在的崩溃",用个体心理学的话来说,即瓦解的体验,是极为可怕的心理体验之一。所以,为了避免自己长久地经历这种可怕的心理体验,强控制欲者会尽一切可能让事情尽快地恢复控制。而所谓的控制,也就是:事情的进展必须与他们想象的是一样的,这不可避免地就导致了他们对别人的控制。

控制欲者之所以会极力地想去掌控,是因为他们内心缺乏安全感。根据玛格丽特·马勒的观点,早期的婴儿一切需求都需要妈妈去提供。如果没有妈妈,什么都做不了,任何的挑战,对他们来说都意味着失控。所以,他们身边必须有一个时刻满足他们需求的抚养者,最好是妈妈。当婴儿饥饿时,妈妈可以供给他食物,当他感到不舒服时,妈妈的臂弯可以围绕着他。当这些被满足的体验积累多了,婴儿会真切地感受到,事情基本在他的掌控之中,即便是偶尔会有失控感,也不会处于无助的状态。但是,如果早期妈妈对婴儿的需求视而不见或者无法满足他的需求,任由他在失控的状态中挣扎,婴儿就会陷入彻底的无助感或瓦解感中。长大后,这种缺乏安全感的体验便会更为深刻,当外界瓦解时,他们的"自我"也会有瓦解感:我什么都对付不了,我太无助了……因此,焦虑、痛苦、沮丧等感觉便会袭来。为了不让自己陷入这种感觉中,他们便不由自主地会对周遭的一切事或人进行控制,尤其是他们身边的人。换言之,强控制欲者对他人的控制,是为了获得早年遗失的安全感。

那么,控制欲强者该如何去治愈自己呢?

其一,要分清你的主观感觉与事实。

控制欲强的人,因为分不清主观感觉与事实,所以极容易陷入掌控模式中去。比如,一个母亲会觉得儿子的行为只有在自己的控制中，才会少走很多弯路，所以，她会极力去掌控儿子的一切行为。事实上，儿子已经是成年人了，有清晰的自我认知能力，完全有能力不让自己走弯路。这位妈妈对儿子实施行为控制，就是因为分不清自己的主观感觉与事实。所以，她要摆脱对儿子的掌控，就要承认自我主观感觉不等于事实。她如果在干涉儿子行为时，会对自己说："如果放开手，说不定儿子能成长得更好。"慢慢地，让自己退出儿子的私人世界。

其二，在人际交往中要有界限感。

同时，在人际关系中，控制者一定要事先划清自己与他人之间的界限。与他人交流或合作时，一定要分清楚：你是你，我是我，我无权干涉你的世界、个人意志与行为。当自己控制不住地入侵别人的世界中时，也一定要及时让自己清楚地知道：这样做是我的问题，而不是你该被我入侵。

其三，关键是要找回早年遗失的安全感。

你可以通过与原生家庭和解的方式去安抚和治愈自己，培养自己独立的精神世界。

强势的人，内心大多住着一个"胆怯的小孩"

生活中，还有一种常常被负面情绪所困扰的人，就是有着极强的"控制欲"者。他们外表强势，脾气火爆，看起来很难与人相处。因为他们在面对某一件事或者某一个人时，渴望拥有绝对的支配权，不允许意外或者有其他差错，稍有违背其愿望或意图时，便会大发雷霆或者生闷气。一般来说，他们都有如下的表现。

1. 总会不断地给你提要求，认为你应该按照他的要求来。

2. 喜欢批评你，你这么做是对的，那么做是错的，你这么做是不合群，那么做是没特色。

3. 希望你能为他们的感受或情绪负责任，他们经常会说："你这样做一点都不爱我！""我不幸福不快乐都是因为你没做什么什么事。""你没有怎么怎么着，我怎么能够开心呢？"

4. 自己没有错，错的都是你。在对错问题上特别擅长使用外归因，表现为自己的对错好像无须讨论，但你的对错特别重要，如果发生了不好的事情，一切都是别人的问题，而从不从自己身上找原因。

他们常说的话是："我这样做是完全为你着想，你为何不理解我的苦心？""如果你不按照我的要求去做的话，我们还是分开吧！""你必须得这么去做，否则，我会伤心死的！"……这样的人总是一副受害者的面孔、一个施压者的心态。他们总是深切地期望着别人按照自己的意愿去行事或改变：期待让父母退让，期待使恋人妥协，期待朋友给予自己足够的包容，期待被无条件地满足……他们总是过分地关注自身的情绪，关注自己内心的诉求，对别人的处境和现状却有意无意地忽视。

最近小倩和男朋友正闹分手，这次是男友主动提出的，并且分手的态度很坚决，他觉得和她在一起真是太累了。两人当初在一起还算投缘，女友黏人，你侬我侬。可时间一长，男友就有点慌乱，因为小倩真的太过强势了，总想去控制他：从睁眼到闭眼，不断地打电话，微信必须发定位，从吃饭、逃课、喝咖啡到轧马路，整天都要听她使唤；遇上她心情不好，就会朝他怒吼，拿他当出气筒……可每当她带着命令的语气提出要求，他皆以欠债般的歉意，去喂饱她那不停许出愿望的嘴巴。到头来，从相爱到相厌，男友最终提出分手。

朋友劝小倩道："爱情之外，相处之内，越想要控制，越是容易失去。"但小倩丝毫不放在心里。其实，小倩自己也是有苦衷的，看着即将离开的男友，她便哭诉道："我这个人，外表看上去很强势，内心却住着个胆怯的小孩，生怕不被人接纳或不被认可……"

实际上，控制欲强的人都有着小倩一样的苦恼。他们内心外表看起来强势，具有极强的"攻击性"，但实际上内心住着一个胆怯的"小孩"，缺乏安全感，所以经常会与外界发生冲突，被负面情绪所控制。

从心理学的角度分析，一个人的"控制欲"大多是源于早年成长环境中父母对自己的不接纳，或者遭遇的某一种创伤。比如，父母自小总是看不起自己，认为自己总是不行，甚至经常表达失望、嫌弃的情感，那么小孩就会对自身"弱小""虚弱""无能"的部分感到十分恐惧，并且可能因为自小体验到大量的被指责"弱小""虚弱""无能"而在潜意识里压抑了太多痛苦和委屈的情绪。这些痛苦的情绪是如此地强烈，以致当事人不敢将其放出来去直面，早年的他采取了回避的方式不去面对这种情绪，也就没有发展出可以应对这些情绪的能力。甚至当事人会十分严重地否认自己人格中的这一面，不愿意去触碰自己弱小、脆弱、无助的部分，竭力地证明自己是个强大、有力、正确和高高在上的人，来防御自己潜意识里面的创伤。有的人不接纳自己弱小、脆弱、不如别人的一面，有的人可能接纳不了分离，有的人接纳不了犯错。在所有不接纳下面埋藏着的都是巨大的"恐惧"感：害怕自己被抛弃，害怕自己不被爱，害怕自己不够好。

　　控制欲过强者经常会采用"否认"的防御机制去回避自己的这些问题，但是，他们又经常体验到巨大的恐惧，就是我们通常所说的"安全感的缺失"。所以，他们就会像抓稻草一般抓住周围的环境，希望外界环境或者别人来让他们摆脱这种不安感：证明他们强大、有力、有魅力、绝对正确来稳定自己的内心。所以，很多人也发现，一个控制欲强的人的背后往往是安全感的丧失。所以，从根本上讲，一个控制狂要想极好地控制好自己的情绪，就要在意识到自身安全感丧失的同时，正确地接纳自己，接纳自己性格的"缺陷"，然后和谐地与它们相处。具体来说，你可以尝试着去这样做：首先要正视原生家庭对自己造成的创伤，去安抚内在胆怯的小孩。如果你有些强势，有较强的控制欲，那先要反思一下自我在幼年时期经历过什么创伤，比如经常会受到外界或他人的指责、批评、打压等。如果有，说明你的内在"小孩"还处于受伤状态，需要我们去拥抱它，疗愈它。当然，要实现疗愈，我们就要在自己失控时及时地停下来，去连接我们的内在小孩，去接纳自己。要仔细去倾听自己内心的声音，那里或许住了一个悲伤、孤独的小孩，哭泣着说"请爱我吧"。我们就停下来去抱抱那个自己，牵着他的手一起前行。

　　一旦我们的内在小孩得到了疗愈，他的喜悦、创造力、生命力、信任等特质就能毫无阻拦地表达出来，为我们的生活带来无穷的乐趣和希望。

总看对方不顺眼：可能是对方触动了你的"伤疤"

无论在交际场，还是在职场中，我们难免会遇到那种爱挑事、老看别人不顺眼、把别人很小的缺点一直挂在嘴边到处嚷嚷的人。遇到这样的人，我们总会气不打一处来。但是，那种总看别人不顺眼的人，究竟有着怎样的心理机制呢？有句话是说，看对方不顺眼，是自己的修养不够。那些爱挑剔的人，真的是自身的修养不够吗？不一定。但从心理学的角度分析，那些总看人不顺眼的人，可能是对方触动了其童年时期的某些"伤疤"。

长相漂亮的康妮就职于一家国际性的大公司，她曾毕业于某名牌大学，工作能力出众，有着不错的职业前途。但最近她陷入了焦虑之中，原来公司给她派了一位女助理，工作能力还算不错，康妮却总看她不顺眼，尤其是每天早上看到助理把自己打扮得光鲜亮丽，一身名牌服装，康妮的心里就很不是滋味。康妮也知道，助理每天这样捯饬自己并没有什么错，尤其是在这种国际性的大公司，每天打交道的都是公司的管理层，应该讲究一些。可康妮就是忍受不了助理那做作样儿。于是，她总是会在工作中找助理的碴儿，以发泄心中对她的不满。比如会抱怨她将打印的文件送来晚了，会嫌她做的PPT不够美观，会拿她表格中出现的一点小错误大做文章……助理刚开始也总是忍着，但有时候也会对她的挑剔予以反击，这样一来，两人的矛盾便更大了。康妮觉得每天自上班像受煎熬一样，尤

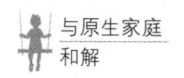

其是一看到助理便会不自觉地想找她的碴儿,很是痛苦。

后来,康妮在与做心理咨询的朋友聊起自己的烦恼时,朋友告诉她是否在小时候因为穿得太过漂亮,打扮得太过招摇,被自己的父母或周围的亲人否定或打压过。这便也勾起了康妮小时候的经历。她的原生家庭不富裕,父亲是一家小工厂的普通小技术员,妈妈是个下岗工人,而且身体不好,经常生病住院。所以,妈妈自小就教育她,要懂得节约,花钱不能大手大脚。康妮清楚地记得小时候,在学校安排的一次出游中,她因为与同学一起吃了"大餐",花掉了父母给她的所有零花钱而受到母亲的责骂,说她是个讨债鬼。还有一次,因为上体育课,她向父母讨要一双名牌运动鞋,却遭到了母亲的斥责……在这样的环境中,康妮自然也养成了节俭的性格,平时穿的和吃的都比较普通,自然也看不惯像女助理那样天天名牌傍身的行为。

从心理学的角度分析,当你看一个人不顺眼时,很可能是这个人身上的某些特性或表现触动了你内心的情结或阴影的部分。比如康妮,她自小就被父母耳提面命地要过一种节俭的生活,过于奢侈就是一种"罪恶",是不被接纳的。她小时候做过的一些"奢侈"的小行动,遭到过母亲的斥责,这让她产生了愤怒、屈辱、羞愧等负面情绪,同时,这些负面情绪因为未能获得及时的发泄或表达,在以后的生活中,当类似的事件或人出现时,比如助理的"奢侈"式的装扮,便激活了她内心的那些负面感受,于是在工作中处处责难她,让她难堪。

在某些情景中,你看一个人不顺眼,往往会觉得对方没有你有力量,不能与你相抗衡,于是你就会将曾经懦弱的自己投射到这个人身上，对他进行肆意的攻击，故事让他当众出丑，不给他面子，不给他台阶下，甚至还故意刁难他，这其实是将原来压抑在自己潜意识中的负面情绪转嫁到了他的身上。这样做的结果会让你感觉比较爽，因为你被压抑的情绪得到了释放。但从人格成长的角度来看，其实是我们内在强势的一部分欺负内在弱小的另一部分，说明我们的内心在分裂和冲突的状态。"阴影"是我们内在不希望成为的样子，让我们感觉不道德、不光彩的部分。也意味着你在这个人身上看到了你内心极为排斥的人格特质。比如这个人唯唯诺诺，没有一点骨气，遇到事情就退缩或逃避，不敢承担责任，做事不够果断。你看这样的人特别不顺眼，说明你的内在也有这部分的特质，只是你很是讨厌这一部分，当现实生活中有一个人表现得很是懦弱、缺乏担当精神时，你就会把自己懦弱的部分投射到这个人的身上，从而产生排斥和厌恶的情绪。也正如著名心理学家阿尔弗雷德·阿德勒所认为的那样，爱挑刺的人大多都有极为深刻的自卑感，自我评价很低，内心怯懦，要通过挑别人的毛病来获得心理上的优势。这种自欺欺人、借语言逞能的做法虽然招人讨厌，但能让他们的内心获得力量感和稳定感，以"挽回"一点点的自尊心。

看别人不顺眼，是我们内在成长的契机，我们可以借此了解其内在的情节和阴影。学会和我们内在被压制的"情结"和"阴影"去好好相处，进而实现人格的成长和整合。具体该怎么去做呢？

其一，你要通过回忆去了解和体会自己所经历的创伤，比如，你莫名其妙地看一个人不顺眼，那就要去深挖他身上的哪些特质让你感到不爽，再回忆自己的童年是否有被父母压制过的行为，让你感到愤怒、羞愧、屈辱等。然后，试着与内在的那个胆怯的"小孩"

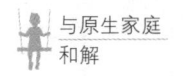

进行对话，用话语去安抚他的情绪，从而完成"未完成事件"的修复体验，使内在的不良情绪被化解。

其二，将当时压制的负面情绪给释放出来。你要仔细地去体会你所经历的创伤，体会和描述自己当初的感受，然后释放当初的负面情绪。比如，你可以向好朋友描述过去的创伤，将那些负面的情绪表达出来。要知道，表达是释放自我负面情绪的一个重要途径。同时，你要学着去与你的原生家庭和解，要懂得谅解你的父母，认识到他们在你身上犯下的过错是因为无意识，而并非真的不爱你。慢慢地，你要通过提升自我认知，建立起一个新的内在系统，告诉自己，我活在此时此刻，作为一个成年人，我可以学习健康的处理方式，通过一个有意识的选择，不再投入那些明知是有伤害性的关系和行为里。

自暴自弃者的痛：自信心在持续性的否定中被摧毁

艾维自小就生活在一个充满争吵和暴力的家庭，她的爸爸妈妈感情不怎么好，遇到矛盾或分歧，一般用争吵来解决，有时候甚至会大打出手。

在艾维小时候，父亲看她写作业，总是骂她是废物，斥责她怎么那么笨，凶狠地对她说："我怎么生了你这么笨的孩子"，这让艾维自小便不再敢将家庭作业带回家里写。她的妈妈也总是对她说："就是因为你学习成绩太差，所以你爸爸才整天找我的事，跟我吵架。"听了这样的话，艾维在上小学三年级时，便开始努力学习，不久，她的成绩终于上去了。但她取得的成绩还远远达不到爸爸的要求，在爸爸的眼里，所有科目都是满分才算优秀，如果她哪次考了80分以下，就会想方设法讽刺和挖苦她。有一次，艾维平均分数达到了90分，爸爸还是指责她，说隔壁家的孩子都考了第一名。这让艾维感到很累，压力很大。那时候，艾维的班主任对她很好，让她内心多了一丝光亮，可后来因为她参与一次打群架，被老师批评了，之后便对她淡淡的，这让艾维唯一的心理支柱倒塌。自此开始，她开始自暴自弃、暴饮暴食，而且从不愿与人交流和沟通。后来随着年龄的增长，她彻底精神抑郁，体重开始不断地飙升。在这期间，她的爸爸妈妈始终觉得在她身上花费的精力和钱财太多，亏待了年幼的弟弟。所以，每次她犯错，总是会向她吼叫、讽刺、挖苦和指责。而每次弟弟犯错，他们则是会温和地与他讲道理……那时候，艾维已经完全放弃了自己，她在学校不怎么学习，也不怎么跟人交流。回到家里，也是把自己关在自己的房间，吃各种减肥药……这种不良的关系，致使艾维很是受伤，每当想起自己的父母，心都是痛的。后来，她走入社会后，到了一个离家很远的城市，与父母见面的机会甚少，也几乎从未与他们打过电话……如今与父母的关系，已经在她心中烙下了一个难解的"心结"，曾几次让她痛苦不已，她不知如何才能与父母达成和解。

艾维的自暴自弃心理是在被父母不断地否定中形成的。她原本是个努力上进的女孩，但是父母连续性地对她的打击，让她不断地产生自我怀疑，自信心和自我价值感不断地被摧毁，最终由于自己的一次犯错，原本对她不错的老师也开始漠视她的存在，进而彻底

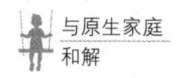

摧毁了她的自我价值和自信。

多数时候，支撑人能不断向上的，是理解、爱与信任，而当这些在艾维生活中不断地消退的时候，她的精神便也彻底坍塌。同时，她在父母面前也是弱小和无力的，父母连续性地向她表达否定和失望，艾维的内心陷入深深的绝望之中，最终只能用自暴自弃式的"不作为"来回应父母。当然，这也是一种心理预防机制，她只有什么都不做：不与人交流、极力地压抑自己内在情绪的时候，才能减少被父母指责和否定。

对于艾维来说，要治愈自己，首先要弄清楚自己被否定、斥责的内在原因，即知晓父母的心理。父母有重男轻女的思想，还有把她当发泄工具的习惯，甚至她充当了父母关系不和谐的原因。而这些都不是她的错。艾维原本并不是全班倒数的差生，她曾经取得过优异的成绩，父母总是骂她蠢笨，完全是因为他们不懂得怎么教孩子，缺乏教学方法和技巧，尤其是父亲，在艾维身上屡次碰壁后，便体会到了自己的无能。这种感觉非常糟糕，他们内心不愿意接受，所以投射到了艾维身上。他们把自己的无能、蠢笨都投射给艾维，说她蠢笨无能，以换取他们自己内心的平静。以此类推，艾维的父母并不会处理自己的情绪体验，当他们内心崩溃的时候，就总需要一个发泄对象来帮他们维持平静。而艾维就是那个发泄对象。所以，父母吵架时，母亲会将责任算到她头上，说就是她的学习成绩差而导致父母关系不好。其实这两件事根本毫无关联，真要说有，也只会是——因为父母关系不好总是吵架，才导致了艾维总考不出好成绩。当然不仅仅是这些，还可能有各种各样的问题和理由，都是因为父母不懂得如何处理自己的负面情绪，而将责任转嫁到她的头上。

当艾维理解了父母的思维模式与行为模式后，慢慢地，她便能从内心逐渐地接受他们之所以如此的主观动机。这样做让艾维能够始终从他们的角度去理解事情，可以预判出如果自己这么做，他们会有怎样的反应；这个反应是不是自己能接受的；如果她自己想要这样的反应，又该怎么去做。这样一来，双方之间的沟通便会趋于良性，不再是互相指责和怨恨。沟通的本质，就是双方站在平等的位置上，或协商解决问题，或彼此交流情感，而不是一方无底线地迁就另一方。

然后，通过以上方式尝试后，艾维便会慢慢发现父母爱自己的方式。她了解到，父母也是爱自己的，只是他们表达爱的方式太过粗暴。在意识到改变父母是不可能的情况下，她则可以选择去理解他们。她尽管无力改变父母的不良行为，却有能力去理解对方爱自己的方式。通过改变自己的观念，双方的关系可能就会慢慢地趋于平和。她的改变也会在无形之中促使父母去反思他们自己的言行。如果父母是一个有自省能力的人，与艾维的关系自然就会慢慢改善。这个时候，艾维可以继续去尝试学习，去提升自己的沟通方式和沟通技巧，有意识地去引导父母。她可以将他们当成教小孩那样，充满耐心、不计回报地去尝试引导。慢慢地，双方的关系便会趋于缓和。

最终，当艾维与父母建立了爱与信任后，她会发现，自己所拥有的远比你想象中的要多。尤其是，她会渐渐地明白她是自己的主宰者，没有人有权利决定自己是谁，她能做的有很多，会失去也会获得，会去爱也能被爱。总之，她所做的一切，都是为了取悦自己，无须在乎旁人的眼光。因为即便自己一时顺从，无论结果好坏也只

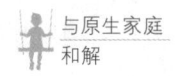

能你自己承担。

另外,艾维又该如何改善自我价值感低与安全感匮乏的心理现状呢?其实,从心理学角度来解释"自我价值感",即指觉得自己是重要的,被人需要、尊重、看重的感觉,自己是有价值的,有人爱的,不会被抛弃的程度的感觉。而自我价值感的实现,依赖于在关系中才能构建。所以,我们要从哪里跌倒就从哪里爬起来。否则,随着时间的流逝,艾维的主观意识和潜意识就会变得越来越分离,在面对人生的很多抉择时,会因为两者的撕裂而陷入一种极为被动和痛苦的感觉中。

总之,与原生家庭和解,首先要做到与自我和解,这就需要勇敢且坦然地面对生命给你带来的好或坏,去正视自己的一切经历,去悦纳自己的一切,发现自己已经拥有的,学会珍惜和感恩。我们既要无分别心,又要有分辨力。努力向积极正面的人、事、物去靠拢,远离无明、不懂得自省的人;而不要明知道自己不喜欢,心里却又割舍不下。只有这样,你才能真正地从阴影中走出来。

受害者心理:以"自我攻击"的方式向人索取

"你若不满足我,我就痛苦给你看",是一种典型的受害者心理。拥有这种心理的人,通过这样的一种状态总能让周围的人感到难堪和不解:一段关系中,明明谁也不欠谁什么,但他们总能将自己痛苦的原因完全地归结为他人。在他们的观念里,一切坏的、不好的、负面的结果都是对方造成的，而自己只是没有任何责任的可怜虫。从实际上讲，他们将一切不快乐与不幸福的原因归咎于他人，使自己能暂时性地获得同情、安慰甚至照顾，根本是因为内在自我的匮乏与人生掌控能力的丧失。他们通过转嫁责任告诉别人：因为我是受害者，所以我无法做到让自己更好的改变，这是心智不够成熟的表现。

今年25岁的张楚喜欢上了公司里的一位男同事，在通过打听后得知这位男同事依旧是单身时，便鼓足勇气向对方不断地示好。而那位男同事则完全是因为同僚的原因，向张楚的示好只是全盘地接纳，而不知道对方是对自己有好感。后来，在情人节那一天，张楚便鼓足勇气向那位男同事表白了。而那位男同事完全懵了，最终以"抱歉，我不太喜欢你这种类型的女孩"为由回拒了她。

在遭到拒绝后的张楚觉得自己痛苦极了，于是便向其他同事诉苦："虽然我不是他喜欢的类型，可我为他付出了那么多精力，他为何如此绝情地拒绝我呢？我这是头一次喜欢一个男生，就遭拒绝，我是不是没有一点魅力？我是不是不值得任何人爱啊？我真是倒霉，以后可能再也不会主动去爱别人了！"其他同事听到这话，便去说那位男同事："你真够绝情，人家头一次恋爱，你就是不喜欢人家，也不能这么折磨她吧。她已经对爱情绝望了，你让她今后怎么办？"

那位男同事也有自己的苦："我什么也没做呀！是真的不喜欢，然后拒绝了她而已，她就拿这事到处嚷嚷，让人知道好像我真的对不起她似的！"

拥有受害者心理的人，总会事先在一段关系中错位地调置成施暴者，而自己则一直保持受害者的身份，完全没有任何责任，全世界都在欺负或亏欠她。一个人一旦进入"受害者"思维模式，他就会把他人或外界投射为"加害者"，实际上把自己和外界对立起来，然后以痛苦的状态进行"自我攻击"，这是一种不健康的心理状态。那么，受害者心理究竟是如何产生的呢？其实，可以在他的原生家庭中找到答案。

根据玛格丽特·马勒的观点，拥有受害者心理的人，其本质是通过内在的自我攻击来向对方索取，其心理状态与处于共生期的婴儿极为相似。处于共生期的婴儿，就是通过哭闹等自我受伤害的方式来向妈妈索取吃喝拉撒、关注和爱等各种需求。这个时期婴儿的需求若能从妈妈那里获得满足，则会顺利地进入下一个分离期。而如果婴儿在6个月到3岁的分离期受挫时，他便会自然地退缩到共生期。这也意味着，受害者心理产生根本原因，在于其在分离期的时候，因为某些原因未能与妈妈顺利地分离开来。比如，孩子在平时很少受到妈妈的关注，而在他走路时摔倒，妈妈会上前去将他抱起，给予抚慰和亲吻。这让孩子懂得，受伤是获得额外关爱的机会：我受伤了，你会获得爱和额外的关注，这让孩子形成了受伤后即能获得补偿的心理机制。这种行为模式伴随着他的成长，但其心理状态一直停留在共生期。直到成年之后，不会再有权威人士对他所受的伤出手相助，而他也不能对寻求公平和保护的自怜情绪加以有效的控制，最终演变为受害者心态。拥有这种心态的人，不但没有改变现状的能力，而且总是习惯于将自己定位为情境中的"受害者"以逃避责任，日常生活中也往往表现得极为消极和被动。

被"受害者"思维模式和心态控制的人，其心理状态还处于共生期，他们可能因为在分离期受到妈妈或抚养者过度的保护，而未完成与抚养者的分离。所以，他们没有成为拥有独立意识的"自我"。一般表现在以下几个特征。

1. 拥有自毁与悲剧的个性。

2. 潜意识里从不相信自己，并且暗含着对自己人生的全面放弃。拥有受害者心态的人，不相信自己有能力对自己的人生做出改变，所以他会责怪任何一个人或者"一群人"，只有他自己完全免于责难。所以，他遇事时很容易陷入情绪的泥潭中：不负责，不行动，也因此错失任何让自己变好的改变机会。这种看起来能够使人获得更多的情感关注和心态，实际上暗含着对人生的全盘放弃。

3. 以爱之名施虐，以听话之名受虐。

4. 在一段关系中是重度依赖的那一方，并且把自己的快乐痛苦悉数依附在别人身上。在亲密关系中，拥有受害者心理的人会过于依赖对方，会使对方很想逃离。而他人的逃离，正好就成为受害者发泄一切的借口。他完全拒绝反省自己在一段关系中的角色和起到的作用，而是把自己的一切喜怒哀乐的缘由都怪到对方身上，让人痛苦不已。

那么，拥有受害者心态的人，该如何摆脱呢？

其一，关键是让自己的心灵获得成长。受害者心态产生的根本原因是心智不够成熟，他们在早期的原生家庭中因为各种原因未完成与母亲的分离，心智未成长为一个拥有独立意识的个体。所以，要从根本上摆脱这种心智模式，就要在后天努力使自己的心灵获得成长，使自己的心智在承担责任和直面痛苦中获得成熟。正如美国作家派克在《少有人走的路》中讲道：心智成熟是一个漫长且艰辛的过程，只有勇于面对生活中遇到了各种问题，敢于主动去承受痛苦，才能解决人生的问题。换言之，一个人要想成为一个拥有"自我"意识成熟的人，就要在遇到人生的难题时，主动承受痛苦，并着手想办法去解决难题，而不是通过一味地抱怨周遭的世界和他人去逃避痛苦。

其二，在愤怒地责备他人、将事情一团糟糕的责任归咎于他人的时候，要学会去自我质疑：难道我自己就没有责任吗？自己是否真的是在精神上虐待他人，并以此为借口来逃避自己的责任？久而久之，你的内心便会变得强大起来，你便会懂得自己要为自己的行为负起责任。

坏脾气者的内心：被压制的愤怒，极容易被激发

生活中，导致一个人脾气暴躁的原因有很多，比如生活压力、不和谐的环境等，但还有一些暴脾气则源于原生家庭。比如一个人总是莫名地对他人的话语敏感，他人的一句话或一个举动便能激发出其内心的愤怒等，多数情况下与早年在原生家庭中被压制在心中的愤怒有关。

季敏是个脾气暴躁者，遇事总爱发牢骚，尤其对老公，只要稍微遇到不如意的事，或者老公无意间对她的行为或观点予以否定，便会激发出她的怒火。在家里，她每次看到儿子在写作业的时候不够专心、一心两用的样子，便会怒火中烧，压都压不住。

曾经有好几次，季敏看到儿子在外调皮，弄得满身都是泥，季

敏便压制不住怒火开始训斥孩子。看到幼小的孩子低头默不作声、一副"怂"样，季敏便更为恼怒了，各种恶毒的话语便开始在心里扑腾，等着脱口而出。但一会儿等她冷静下来后，又为自己的行为感到后悔，孩子还那么小，却被她训得垂头丧气，让她心疼不已。但她也不清楚自己的怒火究竟是从哪里来的，为什么会生气。

后来，季敏从心理咨询师那里了解到，自己的暴脾气是童年心理创伤导致的。在她小时候，经常会因为这样或那样的事情被父母否定和斥责，总说她学习成绩差，课下还不知道用功；每次写作业不够专心的时候，也是会被父亲狠狠地斥责；母亲还经常向别人抱怨说她太懒，那么大的姑娘却不懂得帮大人分担做家务；有时候她也会帮助父母洗衣、洗碗什么的，却常被母亲训斥洗得不够干净，说她是在浪费水……被父母斥责的时候，她是极为愤怒的，但那时的她不敢发作，而是将这种愤怒压制在了潜意识中，直到成年后，只要有人出来否定她，便会激发出她内在的愤怒来，她的坏脾气很大一部分源自这里。

当自己训斥儿子，看到他低头默不作声时，心里看到的其实是自己小时候的"怂样"，她气孩子不敢说话的感受，其实正是自己小时候，面对严厉的父母亲，无法反抗的愤怒。她生气的对象，从来都是自己而已。

在生活中，我们的许多说不清原因的怒火，很多时候源于我们自己儿时的创伤，尤其是对自己孩子发的火。要知道，每个孩子来到世界上都是为了成长、发展、生活和爱的，为了获得保护而去表达他们的需求和感受，为了发展自我，孩子最需要成年人的呵护和关注。面对来自外界的伤害，孩子正常的反应是愤怒和痛苦，尤其在家庭中，孩子还太小，没有独立生存的能力，所以他们面对愤怒和痛苦是无能为力的，他们无法独自承受痛苦的经历，就必须压抑自己的感觉，隔离自己关于创伤的记忆，将伤害他们的人理想化。随后，他们就会忘记，在他们身上曾经发生过什么。童年的创伤经历虽然被隔离，但是依然保存在潜意识中，在无意识的状态下长大成人后，对后来的生活施加影响。比如，在童年时期，孩子的潜意识中被压制了太多的愤怒，那么，长大后相似的生活场景或他人的一个举动，甚至一句话便有可能将内在的愤怒激发出来，去攻击别人。

生活中，那种无所顾忌、不受控制的愤怒，其实是心理不够成熟的表现，其心理状态处于孩子阶段。根据玛格丽特·马勒的观点，在孩子阶段，面对无能为力的事情时，我们唯一的方法便是用愤怒来表达自己的情绪。这与成年后，当我们对面前的问题无能为力，或者解决不好的时候，便会通过愤怒来表达自己的情绪是相类似的。这也意味着，我们童年时遭遇的一些问题未能解决好，成年后，我们的力量与理性便难以施展出来，无法调动现在的力量与资源，去着力解决问题，只能通过发泄自我愤怒来攻击别人或自己！

那么，在生活中，我们该如何治愈这种童年创伤，从根本上改掉自己的坏脾气呢？

其一，觉察出"原生家庭"对自己的影响。

心理学家荣格说过："当你的潜意识没有进入你的意识的时候，那就是你的命运。"这告诉我们，一个人如若没有觉察力，无法认识到压制在潜意识中力量对我们的影响，那基本上只能听从它的摆布。而察觉"原生家庭"的影响，察觉潜意识的影响，就是让潜意识进入意识的过程，也是打破命运的最难也是最重要的一步。

比如，生活中，当你对孩子发脾气时，便能意识到自己的这种行为其实是把自己的童年投射在孩子身上，当你意识到，自己正在走严厉且苛刻的妈妈的老路时，奇迹便也发生了，你可能就会立即停止自己的这种行为。当孩子是一副"逆来顺受"的哭泣脸时，那种无缘无故地怒气冲天，可能就会无缘无故地烟消云散。当你拥有强大的觉察力时，你便再也无须"强压怒火"了，因为怒火自己消失了。

其二，连接童年的自己，并去接纳和安抚那个受伤的内在小孩。

童年创伤并非像大多人所想的那样，随着时间的消逝而变得轻描淡写，每个人都紧紧抓着一件很久以前伤心的故事，将愤怒加注在无辜的心灵上的。面对此，我们要试着去连接童年的自己，并去接纳和安抚那个受伤的内在小孩，告诉他：那一切都不是你的错，让我们重新开始，好吗？

如果你无法连接童年的自己，那就学着去接纳这份情绪，去接纳那个还未准备好的脆弱的自己。实际上，当我们开始正视童年时期内心隐藏的愤怒，正视它对自己人生的影响，然后一层层地剥离它对我们的伤害，让自己的内心走向成熟，正是自我疗愈的过程。

其三，将内在的愤怒发泄出来。

要知道，很多时候我们莫名地发怒，是因为内在被压制的未被释放的情绪被激发出来了。所以，要从根本上解决问题，就要学会去释放内在的愤怒。比如，你可以将愤怒写出来，到一个空旷无人的地方大喊大叫以发泄，可以将脸埋进枕头里，可以将愤怒的情绪写出来，可以去河边扔石头等方式，只要将内在的愤怒释放出来，

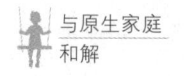

才能停止攻击。允许真实情感的宣泄，才能还原真实的自我和力量，最终停止伤及无辜。

自卑者的自我救赎：了解根源，才能对症治疗

生活中，总能发现一些自卑者，他们有极低的自我评价，总觉得别人不喜欢自己，总是过分地在意别人的评价，渴望获得表扬，而且对于别人的批评又容易介怀。在生活中，他们很容易因为一些鸡毛蒜皮的事不开心，常常处于郁郁寡欢的状态。在工作中，总是惧怕失败、逃避竞争。另外，在人际交往中，他们有极强的自我保护意识，说话容易带刺，喜欢用自负与骄傲来掩盖内心真实的自卑。还有一些自卑感较重的人，在社交活动中会表现出胆小、害羞、怕生，不敢大胆与人交往……正如心理学家阿尔弗雷德·阿德勒所描述的那样，自卑指以一个人认为自己或自己的环境不如别人的自卑观念为核心的潜意识欲望、情感所组成的一种复杂的心理。

导致一个人形成自卑心理的原因是多种多样的，比如后天持续性的失败，让自己产生了强烈的挫败感，在一些重要场合被人持续性地否定等，但是，生活中，有些人的自卑感源于原生家庭。

根据阿德勒的个体心理学学说，我们成长过程中的主要情感依托和安全感皆源于父母，所以，父母的举动最能够影响孩子的心理状态。父母的一些行为，可能是你感到自卑的真正原因。比如，一些成年人或多或少都会有意识地、克制不住地、潜移默化地对自己

孩子施加控制权。很多成年人工作压力巨大，或多或少都会感受到来自外界施加给自己的压力，很容易陷入极大的无助感中。而回到家中，对弱小者的鄙视是避免让他们继续陷入无助感的最好办法，也是一种软弱的表现。当他们在外面承受了太多的无助感，晚上回到家里看到更弱小的孩子站在那里，成年人发现终于有一个人没有办法反抗、打击自己的时候，他们的优越感便会油然而生，而自己曾经经历过的被打压而没有办法应对的无助感便开始投射到孩子身上，然后通过鄙视和打压他们，感受到自己的强大和控制别人带来的快感。实际上，通过鄙视和打压孩子是弱者的武器，也是对自己某些不受欢迎的情感的一种防御。对于幼小的孩子来说，父母的鄙视和打压，会让他们感受到痛苦和无助，但这种痛苦和无助感又得不到合理的宣泄，于是便被压制在了潜意识中，于是在长大后，便会变得自卑、羞愧、易怒和敏感。

再如，一个孩子在犯错后，父母给予了极为严厉的批评甚至体罚，他们认为要在孩子小的时候为他们树立健康、正确的人生观和价值观，而训斥和体罚的方式可以加深他们对错误的认识。其实，这种做法，只会造成孩子的过分内疚感、羞愧感。同时，这种内疚感和羞愧感，也会让孩子陷入一种死循环：认为自己不够好，自身是丑陋的、差劲的；他们渴望自己变得更好，因为潜意识认为，只要自己变得更好，别人就会尊重自己。但当他们真的要去变得更好时，又会觉得自己不配好。正如美国作家苏珊·福沃德所说："对于一个幼小的孩子，会因为朋友、老师、兄弟姐妹以及其家庭成员的贬损而受到伤害，而最容易带来伤害的还是父母，毕竟在孩子幼小的心灵中，父母就是整个世界的中心。所以，如果你无所不知的父母认定你是个坏孩子，那你就一定是。如果母亲常说'你真蠢'，那你就是蠢的；如果父亲说'你真没用'，那你就一定没用。孩子不会从其他角度审视这些评价并提出质疑。当你从别人嘴里听到关于自己的负面评价，并让这些评价进入你的潜意识中时，你就是在'内化'它们。负面评价的内化会让'你是'变为'我是'，就形成了自卑心理的基础。语言上的贬损不仅严重地损害了你作为一个可爱的、有价值的、有能力的人的正当的自我认知，还会对你的生存方式及成就价值产生必要的负面预期。"

在艾米的记忆里，爸爸妈妈经常吵架，对她的关心少之又少。另外，妈妈还经常对艾米抱怨：我被你爸爸轻视，就是因为你。还说，她宁愿要一个傻儿子也不要一个乖女儿，并且经常当着亲戚朋友的面讽刺她，说她没出息，这让她感到深深的自卑。

后来，妈妈生了弟弟，父母对他极尽宠爱。艾米自小就被教育，做姐姐的一定要让着弟弟，有好东西一定要先给弟弟。更让艾米难过的是，每次她与弟弟闹矛盾，第一个挨打的总是她。这致使她在家里过得小心翼翼地，经常晚上一个人躲在屋子里偷偷地哭。

成年后，她考上了大学。在大二的时候，有一位男生曾向她表白，当时真的是吓着她了，因为她一直不敢相信，这个世界上竟然会有男生喜欢自己。后来，她和那位男生谈起了恋爱，在感情中却一直处于被动地位，特别容易患得患失，对方一对她好，她便开始掏心掏肺、毫不保留地对对方好；可一旦发现对方对自己有一点疏忽，她便开始担心自己要被抛弃，始终缺乏安全感的她，丝毫感受不到爱情带给她的美好，而是无尽的焦虑和不安。

……

从艾米的经历来看，原生家庭对她的一系列表现，让她有深深的自卑感。父母经常吵架，对她的关注和爱极少，并且父母有重男轻女思想，让她觉得自己是不被接纳的、是不值得被爱的，所以，在成年上大学后，有位男生向她表白时，她会感到惊讶。同时，父母的一系列行为也让她严重地缺乏安全感，所以在爱情中总是患得患失，丝毫感受不到幸福。

有着自卑情绪的人，总是会强迫性地重复某一个行为，那就是不断地否定自己、攻击自己和惩罚自己，这都是自卑感在潜移默化地在影响其生活的表现。比如艾米，深深的自卑感让她在爱情中始终处于被动地位，她担心被抛弃，总是患得患失等一系列焦虑情绪，便是自我否定性的"自我攻击"。

生活中，还有一种家庭也容易让孩子产生自卑心理。比如有家庭暴力的家庭，在这种氛围中成长起来的孩子一般会出现两种情况：一是在组建家庭后，由受害者变成施暴者，他们并不是刻意地去充当这个角色，而是在成长时期一直被暴力对待而积怨已久的潜意识行为；另一种就是变得极为自卑，不敢在社会活动中展现自己，因为在他们眼中，犯错的后果是身体和精神的折磨。

还有一些家庭物质条件一般的孩子，自小会被父母告诫：要节俭，要学会过日子。但是当孩子看到别的伙伴有玩具和衣服，就会产生极大的心理落差，会觉得自己不如其他人，孩子如果在这种极大的落差感中长大，就容易滋生自卑心理。

另外，自小被父母挫伤自尊心的孩子也容易有自卑情绪。个体在成长的每个阶段都是有自尊心的，而且比想象中的要强。身为父母一定要尊重孩子的隐私，不要将他们的丑事到处说，否则就会让他们感到深深的羞愧和自卑。所有的孩子都希望被大人尊重，他们想要表达自己的想法，有倾诉和被赞赏的欲望。家长要培养孩子的自信和荣誉感，这样教育下的孩子则通常比较自信和自强，有责任感。

在不断地被否定、打压和斥责的家庭氛围中长大的孩子，也极容易陷入自卑情绪。

张菁的离婚，是因为她实在忍受不了他那高不可攀的学历：博士后。张菁清楚地记得，在她与丈夫谈离婚时，丈夫说什么也不同意，双方父母也都在极力地劝导她，尤其是张菁的父母一度认为她一定是得了什么魔怔。最终，张菁还是起诉离婚了。

张菁也承认，前夫对她真的很好，她曾一度觉得不会遇到前夫那么好的人了。在他读博士期间，前夫还曾为了让她能安定下来，两人便领了结婚证。那时，张菁一人辛苦工作努力地供他读书，他也很是感动。他说等他毕业找到好工作后便不用再这么辛苦了。

最终，他真的做到了，他给了张菁富足的生活。可是天知道，在那些养尊处优的日子里，张菁的自卑感排山倒海一般地扑过来，让自己喘不过气来。

他的眼界、胸怀、格局、学识、见识，还有他的圈子、谈吐、能力等都让张菁望尘莫及，在他面前，她总觉得自己低人一等，自惭形秽。那种渗入骨髓的自卑感日夜折磨得她几近崩溃。

可是她内心隐藏着的巨大的自卑感，无处宣泄，无处诉说。她每天都被这种巨大的精神撕裂着，尤其是每个夜晚来临辗转反侧之际，那些不甘人下的渴望就会如暴风雨来时的乌云密布一样铺天盖地地压下来，让人不堪忍受。

张菁自己也曾经想极力地摆脱那种自卑感，她觉得自己应该找一个各方面条件不如自己的人，内在的那些自卑感便会被驱散，却悲哀地发现并不能。

张菁自小就生活在被父母不断打击、否定的家庭氛围中，因为父母对自己的不认可，她的自我价值感和自我认同感极低，创造幸福的能力也极低，内心会时常陷入极度的自卑感中。当一个人陷入低自我价值感中，便会在心中不断地被暗示：我配不上这么好的人或物，我不配拥有那些，即便是拥有了，也会让自己陷入深度的自卑中。而这种自卑感也时常会让她想着逃离，那种压力实在是太大了，让人像处于枷锁之中。

自卑带给人的一生的影响是巨大的，那么，因为原生家庭而陷入自卑中的人，该如何自我治愈呢？

其一，通过觉察，发现自己的问题。

当你深陷自卑中时，就应该觉察自己自卑情绪的源头在哪里。当你能够看到自己因为被父母否定、斥责而导致的自卑情绪，是自我治愈的第一步。

同时，你要认识到在父母那里，幼小的我们不过是实现他们获得自信和自恋感、满足感的工具，在他们眼里看到的只有自己。要想与原生家庭和解，我们必须看到那时自己的真实感受，并告诉自己，那个时候的自己有那种情绪是正常的反应，我们要接纳这种情绪，无论这种情绪是否符合社会伦理道德的，先不要直接压抑，要学会接纳，当我们接纳了这些情绪，我们的那些伤痛才会慢慢愈合。

所以先要看到自己，才能在原生家庭中，与家庭、与自己和解，才能治愈自己。

其二，通过接纳自我，完成自我超越。

当你深陷自卑不敢行动的时候，就要反思自己：究竟在怕什么，自己真正担心的是什么。当你想清楚后，便学着去接纳自己的这种不足，然后通过挑战去超越自我。以"犯错很可怕"为例。如果你总是陷在里面，就会出现非常多的自我攻击："我没有本事，什么都做不好！我是一个容易惹人生气的人，被人瞧不起的人。"每当需要承担自己的角色任务时，这些自我攻击就会冒出来阻止这个人去行动，他可能会告诉自己："还是不要去做了，免得搞砸了更让人厌恶。"进而开始蜷缩回自己的小世界里，拒绝和外界再接触。然而，这种自我蜷缩带来的后果是什么呢？他会发现自己越蜷缩，别人越不满意。这些不满的情绪会被他怎么理解呢？"果然我真的让人厌恶，什么都做不好，你看，我没有做好，别人不满意了吧！"到这里我们可以发现，这种经验回避完全就成了一个自我实现的预言，越是觉得自己做不好别人会不满意，就越会发现别人真的越来越不满意。然而如果穿越这个经验，回到当下，并自问：我究竟害怕的是什么？别人真正的不满意到底是什么？你会发现，我们大多数时候对错误的包容度其实并不低，我们能够允许别人犯错，允许别人有窘迫的时候，但我们无法忍受别人拒绝承担责任，还不承认自己的不足，拒绝学习。所以，穿越那些经验的阻隔之后，真正能够解决问题的方式反而是"承认不足，坚持行动，不断试错，不断告诉他人自己有承担责任的决心，希望对方能够提供帮助"。虽然这样一来我们偶尔还是会遭受一些因为错误带来的指责和攻击，但逐渐地，就不再会认为这些指责是我们无法承受的可怕灾难，我们的行动也就能够更加有效并且持续地保持下去，这样也就真正地超越了自我。

人生就是不断创造美好记忆的过程，如果一直沉浸在经验中，失去了与当下的连接，那我们就只能在经验的胁迫下不断自我攻击，在环境和自我的双重打击下，"自我"也将会越来越蜷缩、脆弱。在这种状态下，我们将寸步难行，只能依靠抑郁来压制对美好生活的渴望，让生活灰暗无光。

自私者的思维逻辑：全世界都应按我的意愿来转

生活中的诸多矛盾和冲突源于自私的个性。一个自私者总是过于执着于"我"，在学校，他们会说，这是"我的"老师，不允许他人特别地欣赏别人，一定要欣赏我；在社交中，他们会说，你是"我的"朋友，一定要对我够义气、讲信用；家长说，这是"我的"孩子，一定要听我的话；孩子会说，你是"我的"妈妈，只能对我说，不允许你对别人好；老婆会说，你是"我的"老公，你要一切都听命于我；老公会说，你是"我的"老婆，不允许任何一个异性去惦记……他们的一切行为和思想，都是紧紧地围绕满足"自我"的需求而展开，于是也经常会以"我的"名义去要求周围的人，甚至想去控制对方，那么忌妒、仇恨、贪婪、背叛、吵闹、纠纷乃至战争自然就开始了。从这个角度来说，自私也是一种心理创伤。当然，造成自私的原因是多种多样的，但早年的原生家庭也是其中的一个原因之一。

一个8岁的小男孩，和离异的妈妈一起生活了很多年。日子虽然过得紧巴巴，但是无私的母爱让他的童年生活充满了快乐。

一天，他放学回家，看到一位陌生男子——那是别人给妈妈介绍的对象。男孩看到他，便扭头往外跑。从此之后，他就变得郁郁寡欢，有时候甚至为此事与妈妈大吵大闹，说："你是我的妈妈，你的世界里只能有我，你爱别人不能超过爱我。"

妈妈语重心长地告诉他："我是你的妈妈，但我也是我自己的啊。"

自私者，通过总是执着于"我的"，所以在一段关系中，他们常会有这样的思维逻辑：因为你是"我的"，你必须完全按照我的意念来行事。他们将其他人和万物都当成自己的棋子来对待，而不将其视为生灵或独立的个体去尊重。一个人出现这样的状态，是心智不够成熟的表现，其心理发展状态一直停留在6个月前的婴儿状态。他们的自私行为，也是婴儿对世界投射的结果。根据玛格丽特·马勒的描述：6个月前的婴儿没有形成分化人的意识，区分不出我与他人、我与世界的区别，而是会认为，我就是你，你就是我，我就是妈妈，妈妈也是我，我就是万物，万物就是我，一切都需要按照我的意愿转……婴儿还有神一般的全能感，既然我与宇宙合一，那么宇宙当然应该按照我的意愿来转。

一个人的心理会停留在6个月前的状态，在很大程度上是因为他在6个月至3岁分离期，因为某些原因未能完成与妈妈的分离，致使他无法真正地走向独立。比如，他在分离期的时候，未感受到充分的爱；成长在一个没有分享爱的家庭氛围中，从来不知道什么是爱，什么是共享，什么是合作等，导致了他缺乏同情心，共情能力差，进而造成了他自私的行为。

而在分离期,在父母那里得到保护、尊重和真诚的人,其自身完整性在童年时期没有受损,他们在青少年时期以及以后,就会拥有完整的"自我"人格,拥有独立的自我个体,他们与妈妈是完全分离的,她是她,我是我,我们可以做到相互之间的不侵扰,即便是在亲密关系中,他们也可以做到:我尊重你的一切行为和做法,在给对方充足空间的同时,也给自己足够的空间。在社交活动中,他们的能量能得以伸展,并且聪明、敏锐、富有同情心、有极高的感受力,与他人有着极高的共情能力。他们热爱生活,能充满热情地对待他人,遇事都能使用自己的力量去解决问题,而不会通过去控制别人来安抚自我焦虑的心灵。

那么,对于自私者来说,要赢得和维护良好的人际关系,首要的一点就是使自我心灵获得成长,让自己成为独立的个体。比如,在生活中,你应该有意识地与他人划清楚界限,在与他人交往时,一定要时刻提醒自己,对方的"自我"领域一定不要跨越和故意去干涉。再如,在遇到生活中的难题时,最好自己去解决,学会主动去承担人生中的各种责任,是让一个人心智获得成熟的重要方法。

另外,要找出个人自私行为在你的心灵深处引起的负面作用,不要着急,更不应该因此背上沉重的负担,而是应该冷静地分析这些消极层面产生的根源是什么,然后先寻"标",一点点地改变和纠正自我的行为。

虚假的"自我":丝毫感受不到幸福和快乐

"我小时候惹了祸,被父亲责打,而在一旁的妈妈很是心疼,边哭边对我说,儿啊,我们都是为你好,千万别恨我们呀!……后来,爸爸的气终于消了,问我说:你恨我吗?你可不能恨我啊,你恨就是没有良心,我这样做都是为你好。我听了点了点头!"

"一个母亲在训斥犯错的小孩,孩子痛苦极了,便哇哇地痛哭起来。母亲则急了,用极为严厉的口吻说道:'不许哭,再哭就不要你了!'孩子无奈之下,便强忍着泪水,小脸憋得通红,为了不让父母抛弃自己。"

"自小爸妈离婚,我成了妈妈唯一的依靠和希望。所以,小时候我的成绩单的好坏就成了妈妈高兴与否的晴雨表,我一取得好成绩,她就兴奋,会逢人夸奖和鼓励我,还给我各种奖赏;我成绩一差,她就会火冒三丈!为了使妈妈高兴,小时候我拼命地努力学习。时至今日,我各门功课都不错,但就是高兴不起来,觉得自己活得异常压抑……"

"自小到大,我都是父母眼中的'乖乖女',一切事务都是听父母的安排,自己丝毫不能有自己的主张。从小时候学什么特长、报什么辅导班,到高考学什么专业、报什么学校,再到后来找什么工作,都由父母安排!尽管如今的我生活光鲜,收入不菲,让同龄人羡慕不已,我却丝毫不高兴,情绪时常崩溃和焦虑……"

生活中，也许我们也曾有过以上的经历或感受，从小"自我真实感受"就被人否定：痛苦的时候，不能滋生恨意；难过想哭的时候，不能张口大哭，恣意发泄自我内在痛苦情绪；为了让妈妈高兴，不得不拼命学习；自小被父母安排一切，从不能按自我意愿做一次选择……当一个人自我的真实感受或需求被压制，久而久之一定会发展成"虚假自我"，即自己做的一切行为、需求或感受，都不是从自我的真实需求出发，那么，一定会出现"真实自我"与"虚假自我"之间的冲突或撕裂状态，从而使我们深陷痛苦，难以感受到真实的快乐和幸福。比如，一个自小被父母塑造出来的"乖孩子"，在社交场合，我们会按照父母塑造出来的"虚假自我"去迎合别人，却发现自己的人际关系却越来越糟糕。因为你缺乏真情实感的流露，会给人一种虚伪的感觉，无法赢得他人的信任。于是，你就会陷入痛苦的状态。并且在与人相处过程中，你总会觉得：明明我在夸奖他，为什么他还不高兴？明明我表现很谦虚，为什么赢不来对方的好感？我要不要表达自我最真实的感受？……于是，"虚假自我"与"真实自我"会处于不断地对抗状态，从而造成了我们内心的冲突，致使我们陷入痛苦。

另外，一个人如果一味地否认自己的真实情绪，是导致自己发展成"虚假自我"的一个重要原因。让其总是展示出别人希望看到的一面，还与之融为一体，使别人预料不到在他的虚假面具后面藏着多少不为人所知的"恶"，相反，"真实的自我便难以得到发展，他无法被区分，因为真我从未被体验过，它处于温尼科特所说的"不沟通状态"，会感到生活无聊，精神空虚，无家可归，身上的活力和自发的情感被封锁，内心感到空洞，精神贫瘠，潜力被抹杀。

美国明星"小甜甜"布兰妮·斯皮尔斯,她在演唱事业上获得了极大的成功,但是,这个成功并不是她个人意志的结果,而是母亲的意志塑造的结果。她从3岁开始,妈妈带着她转战美国各地,用尽办法为她争取演唱的机会。她的所谓好女孩的形象,也是其母亲精心打造出来的。所以,她是没有童年的。后来,布兰妮在流行乐坛的所谓辉煌和成就,与其说是自己的天赋和努力的结果,不如说是得力于母亲个人意志的主宰。她的"乖乖女"形象,一方面出自唱片业的包装,另一方面也来自母亲的潜台词:做我的女儿,就要乖,就要听话,不许有任何忤逆的举动!

这也涉及一个关键问题:一位巨星的诞生,如果都是来自母亲强加给她的意志,而不是自己内心深处的渴望,这会给布兰妮带来怎样的后果?

一是不开心,二是不情愿,三是去反抗。

在她成功之后所做出的一些在外界看来匪夷所思的举动,便可以知道她是在和母亲较劲、跟母亲摊牌:我不愿意听你的安排,我不愿做那个好女孩,因为那不是真实的我。她曾在母亲的劝导下,被安排进入一家康复中心治疗,在那里,她多次歇斯底里地叫嚷:"我是骗子!我是个冒牌货!"她还时不时冲到大街上央求普通人和她合影。这一切都是她真实自我与虚假自我对抗的表现。

按照传统的观点,布兰妮的妈妈在对孩子的教育上无疑是成功的,她是用非凡的手腕与坚强的意志将女儿塑造成了超级明星。而从布兰妮的角度看,自己正是在妈妈的推动下取得了成功,然而布兰妮内心深处却不这么看,她觉得自己固然成功,但是那种"虚假自我"与"真实自我"的撕裂感,让她痛苦不已。布兰妮的自我意志被剥夺了，她没有成为她自己，而是妈妈的"自己"的延伸。

当然，在现实生活中，布兰妮的不快乐和痛苦带有一定的普遍性，为了讨父母开心，为了少受批评和责备，为了顾及旁人的感受，努力让自己变得懂事、听话、顺从，久而久之，我们就给自己的心灵建造了厚厚的堡垒。这堡垒成了"虚假的自我"，而"真实的自我"像个囚犯一般地被关了起来，常年不见天日。"囚犯"并没有死去，他总想逃出来，终有那么一天他还是不以你的意志为转移，"越狱"而出。那一刻，你才发现，他不仅没有被驯服，反倒更加狂躁。

一个人最快乐、最自由的状态就是能够做真实的自己，去真实地体验自我的感受，遵守自我内在的真实意愿，正如罗杰斯所说，所谓的自己，就是一个人过去所有生命体验的总和。假若，这些生命体验是我们被动参与的，或者说是别人的意志的结果，那么我们会感觉，我们没在做自己。相反，假若这些生命体验我们是主动参与的，是我们自己选择的结果，那么不管生命体验是快乐或者悲伤，我们都会感受到是在做自己。如果我们感觉不是在做自己，那么不管别人的意志看似多么地伟大，我们都会感到不快乐，并会做一些莫名其妙的事情。看上去，这些事情像自毁或者伤害别人，但其实我们不过是在用这些事情来唤醒自己的意志。

那么，在现实生活中，拥有"虚假自我"的人，该如何摆脱内心的痛苦呢？

其一，你要明白裹在自我外表的"虚假自我"是如何形成的，然后再直面内心，进行有效的治愈。比如，你是因为一直被父母或他人控制而形成的"虚假自我"人格，那就需要在行动上尽力摆脱父母对自己的控制。

其二,"虚假自我"的人,很容易为了顾及外界的评价、看法或别人的感受,而忽略了自我的真实需求。而要想从这种状态中解脱出来,就要学会直面自己。直面自己的前提是了解自己,了解自己究竟是个什么样的人,自己内在最真实的感受是什么。接下来,我们还需要客观全面地直面自己的内心,时刻关注自己处于一种怎样的情绪里,有着怎样的感受,这种感受好不好,让自己积极还是消极的感觉,要怎么处理或者接纳这种感受……这是需要我们去努力做到的。

其三,尽力按照自我的意愿去行事。这就要求你在做一个行动或决定时,要先去考虑自我的真实感受和真实意愿是什么,然后尽力按照自我意愿去行事,在乎和尊重自我内在的真实感觉,而不是去否定或回避它。

缺乏主见者的悲伤:丢失的"自我"

日本电影《坏孩子的天空》讲述的是未成年人新志在经历一番努力后一事无成的故事。在整个故事中,新志一直扮演的是"追随者"的角色。在学校,他跟着小马做"坏学生",他们逃课、搞恶作剧、欺凌弱小。之后,小马为了"报仇",去一家拳击会馆练习拳击,新志也跟着加入。也正是在这里,新志的拳击天赋得以充分地展露,很快成为冉冉上升的新星。可惜,毫无主见的新志在老拳手前辈的"诱惑"下,慢慢开始脱离正轨,逐渐堕落,直至断送拳击生涯。对于未成年的新志来说,在其成长过程中难免会遇到迷茫,人生也给了他大把试错的机会,但是他的失败,向人们阐述了一个残酷的真理:没有主见的人生注定是悲哀的。

生活中,一个缺乏主见的人,总是喜欢迎合别人的行为。他们缺乏意志,不敢遵从内心的意愿去做选择,无法按照内心的感觉去做决断,遇事不知道何去何从,总是会先去咨询别人,听从别人的建议或意见。面对人生的诸多"选择",总会呈现出摇摆不定的痛苦。

在朋友眼中,刘新是个"老好人",因为他与人在一起的时候,从来不怎么发表个人意见或建议。可刘新觉得自己是软弱的人。比如与好友计划旅行的时候,他总是会听对方的想法而放弃向往了很久的景点;和恋人计划未来的时候,因为考虑到两人的相聚,他会选择放弃心仪公司的offer,在对方所在的城市做一份不满意的工作;和爸妈商议婚姻大事的时候,为了避免争论"大龄青年"选择真爱该不该的问题,他便放弃了对灵魂伴侣的寻觅,最终和爸妈中意的相亲对象在一起……从表面上看,这些真的没有什么不好,但是在刘新内心深处,他还是难以感受到快乐,甚至深深地在后悔:这不是我想要的,为什么没能按照自己内心的选择而去服从别人的建议。

实际上,导致刘新心理问题的主要原因,在于他的原生家庭。他的父母自小对他的愿望就很高,所以总是控制他的行为,为了让他安下心来学习,总是对他管手管脚。尤其是他的母亲,很是强势。刘新在幼儿园时期,母亲就开始替他安排好兴趣班和特长班,总逼着刘新学这学那;自他上小学后,便开始规划他的学习,帮他列学习计划表,后来就连他的职业也帮他规划好。另外,在刘新成长的过程中，母亲会插手他的各种事物，连他看什么电视节目，甚至运动的类型和交往的同学都要严格地审查。有时候，刘新也想要"叛逆"一下，尝试一些违背母亲意愿的事情，而她发现后便会大发雷霆："以后不许和那些人来往"，"再去别人家里打游戏，就再也不要回来了"，"赶紧回房间写检讨"，长此以后，刘新的心里便竖起了一道墙，阻挡着自己的自由。这导致对"自我"的概念很是模糊，他不清楚什么是自己真正喜欢和愿意的……

其实，在生活中，有如刘新一般经历的人有很多，他们缺乏主见很多时候是因为原生家庭带来的。在童年时期，他们基本上有一个内心缺乏安全感的母亲，她会依赖孩子的某一行为来满足获取和填补内心的安全感。她以强势、权威或独裁专制的方式来替孩子安排一切，控制孩子的行为，让孩子按照父母的意愿行事，比如像刘新的母亲一般，经常逼迫孩子学习，约束孩子行为，以抚慰或她自己内心对未来或现实的各种不安和焦虑，并以此来获得安全感。为此，她经常打着"为孩子好"的旗号，以致让周围人对她内心隐藏的那种恐慌、焦虑和不安浑然不知。而孩子则会在"妈妈约束我，是为我好"的表象下，认真地履行妈妈对自己的管制。慢慢地，就会使孩子渐渐地失去真实的"自我感知"能力，孩子无法体会自己内在真实的情感，所以在做决策或选择的时候，不知道什么是自己内心最真实与最强烈的意愿，往往会跟随别人的想法或建议去做选择和行动。

当然，在原生家庭中，除了父母过于强势会不断地干预孩子的行为会造成其缺乏主见，还有一种父母的行为也会导致孩子缺乏主见。比如父母比较冷漠，自小对孩子的关注不够，随你做什么，你犯错有时候会斥责他，有时则会纵容他，让他根本不知道什么是对、什么是错，得不到一个准确的反馈，导致孩子对"自我"的概念很模糊。还有一种孩子，在成长的过程中，总是遭遇失败，被父母不断地斥责、挖苦和嘲讽，那他便会对自我丧失信心，觉得自己没那个命，不管努力不努力，反正事情都不由自己控制。这种类型的人也会有极强的依附性和从众性，也会遇到问题先咨询别人的建议，然后看别人怎么说，自己就怎么去做。

总之，一个缺乏主见、遇事犹豫不决的人，最根本的原因是其在成长的过程中，某些经历致使"自我"不断地丧失，所以，要从根本上解决缺乏主见的缺陷，就要在生活中不断地摆脱他人对"自我"的控制，积极主动地去尊重"自我"的感觉，体验自己的真实感受，成为你自己，而不是任他人随意操控的"工具人"。

另外，在生活中，要懂得主动了解和理解自己，尤其是理解自己的真实情绪和感受，并逐渐地尊重自己的感受。比如，遇到事情时，先别着急去咨询他人的意见或建议，先让自己安静下来，问问自己究竟想要什么，现实状况是怎样的，然后反问自己"我"要怎样。慢慢地思考，用心地感受，不用急着对事态做出回应，然后，合理地去表达自己的感受。

最后，不断地拓宽自己的见识，开拓自己的思维，养成遇事主动思考的习惯，逐渐地你便会有了自己的主见。王小波在《沉默的大多数》一书中提到，"假设善恶是可以判断的，那么明辨是非的前提就是发展智力，增广见识"。这是具有实践意义的方法。发展智力，开拓思维，增广见识，不断实践，就会慢慢建立自己的评判体系，形成独立人格，从而平和自信，强大自我。当然，增长自我见

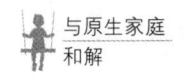

识的方法有很多，比如阅读、旅游、与他人建立良性社交关系等，这些都可以滋养你的人格，拓宽你的眼界、心胸和见识。

内心冷漠者：多数源于对获得爱的绝望

美国心理学家罗洛梅曾经说过："恨并不是爱的对立面，冷漠才是爱的对立面。"从心理学的角度来讲，冷漠也是一种心理创伤，它虽然不像仇恨那样深刻浓烈，却拥有同样的破坏力，它意味着一个人情感能力的丧失，人一旦冷漠起来，就会变得麻木不仁、冷酷无情，无论是对亲友还是陌生人，态度都极为冷淡，表现为毫无同情心，没有责任感，总是用怀疑的眼光去看待问题，拒绝被感动，奉行"事不关己高高挂起"的处世哲学，对所有不涉及自身利益的事情无动于衷。当然，造成一个人冷漠的原因多种多样，但与原生家庭脱不了干系的冷漠，便源于父母早期对自己的爱、呵护和关注度不够。可以说，一个人因为早年没有充分地接受过爱的浸润和洗礼，便会对获取爱感到绝望，不再抱有任何希望，那么，内在的情绪便会处于死寂与关闭的状态，很难再有事情或人能刺激到他。所以，他在外表便呈现出对任何事情都毫不关心的冷漠状态。

作家梅娘曾说，张爱玲的悲剧在于没有爱心，她骨子里透着的是一股冷漠的气息。的确，张爱玲对人对己，一直给人一种彻骨地冷漠和凉薄。1957年，张爱玲的母亲客死在伦敦。在此之前，她曾写信给张爱玲："我现在惟一的愿望就是见你一面。"

可惜，张爱玲并没有满足她的这个愿望，还以为她是生病无钱医治，找她要钱，便寄了一张一百美元的支票给她，预备着老死不相往来。

几个月后，母亲的遗产寄到了张爱玲在美国的住处，箱子里满满当当是值钱的古董。

在《我的姐姐张爱玲》里，张子静说："她离开大陆时，半句都没和我提起，还是姑姑来告诉我的。姑姑开了门，一见我就说'你姐姐已经走了'。然后把门关上。"

"我走下楼，忍不住哭了起来。街上来来往往都是穿人民装的人。我记得有一次她说这衣服太呆板，她是绝不穿的。或许因为这样，她走了。走到一个她追寻的远方，此生没再回来。"

而张爱玲死时，留下遗言，将一切留给宋淇夫妇，一点都没有留给张子静。不留给他，只因无情，不是无需。因为张子静一生都过得很糟糕，终生未婚，住在上海一个很窄小的房间，一边做老师，帮别人补习英文，一边服侍继母。60多岁，还在想着如何攒钱，去乡下找一个老婆，能照顾自己……

他也曾向张爱玲寻求救济，但她对弟弟最终是分文不给。

另外，张爱玲对自己的朋友炎樱，也很是绝情和冷漠。炎樱定居日本后，张爱玲便移居美国，炎樱多次给她去信，问她：为什么莫名其妙不再理我？张爱玲却说："我不喜欢一个人和我老是聊几十年前的事，好像我是个死人一样。"

对傅雷，张爱玲也是毫不留情。他是张爱玲的前辈，曾在报纸上大赞她是"文坛最美的收获"，而后来张爱玲却在《殷宝滟送花楼会》里，以毒刃般的笔调、冷针般的字眼，描述他的婚外情。在这

135

个故事里，傅雷成了一个神经质的虐待狂。

张爱玲对自己，更是苛刻到极致。她曾对自己说：反正你自己将来也没有好下场。而《小团圆》里，她写到自己的流产。那么心碎的经历，她像自虐一般，用了无尽的耐心，去细细描摹。她这样写道："在浴室灯下看见抽水马桶里的男胎。在她惊恐的眼睛里足有十吋长，笔直的欹立在白磁壁上与水中，肌肉上抹上一层淡淡的血水，成为新刨的木头的淡橙色。凹处凝聚的鲜血勾画出它的轮廓来，线条分明，一双环眼大得不合比例，双眼突出，抿着翅膀，是从前站在门头上的木彫的鸟。恐怖到极点的一刹那间，她扳动机钮。以为冲不下去，竟在波涛汹涌中消失了。"

在张爱玲的文章里，出现较多的词，便是：苍凉。这个词也表述了她的主观感觉，是她内心世界的真实投射。所谓的苍凉，就是无温度的，是冷漠的。她的文字里处处透着冷，是那种彻骨的冷，也投射出她内心的冷，而这种冷，便源于她的原生家庭。她4岁时，父亲与母亲离婚，母亲离家出走，远走他乡。所以，母爱在张爱玲的生命里，就一直缺失和匮乏。而父亲又给予了她惨绝人寰的冤枉、暴力、软禁和伤害。她曾在自己的著作里叙述道："我父亲扬言说要用手枪打死我。""我暂时被监禁在空房里，我生在里面的这座房屋忽然变成生疏的了，像月光底下的，黑影中现出青白的粉墙，片面的，癫狂的。"

很显然，张爱玲所表现出的冷漠很大可能是源于原生家庭。她的童年无疑是缺爱的，每个孩子出生到这个世界上是为了来感受爱、温暖和尊重的，但是在张爱玲这里统统都没有，她渴望获得母爱与父爱，但最终收获到的是寒冷彻骨的绝望。匈牙利心理学家玛格丽特·马勒说，每个人都是一个能量体，你需要展开你的各种能量，与其他能量建立链接，这份链接越是饱满，你就越能发现，自身的能量是好的，别人的能量也是好的，这样便能激发出鲜活的、饱含热情的生命。一个幼小的生命，其生命中所建立的第一个链接便是自己的母亲，而母亲若能对孩子传递出饱含着爱的、热情的能量，孩子的内心便也会充满爱与热情。相反，母亲若对孩子漠不关心，那等于切断了与孩子的能量链接，孩子的内心便会跌入黑暗之中，处于死寂与关闭的状态。若是母亲对孩子传递出斥责的、不友好的负能量，孩子便会陷入绝望之中，其生命能量也可能会是萎缩的、坍塌的状态，长大后也难以与其他人建立起健康、饱满的生命链接。随着孩子的成长，慢慢地开始与父亲发生能量链接时，也是如此。而在张爱玲这里，她幼年时期与母亲的链接是断裂的，而与父亲建立的链接则是充满负能量的，这使得她的内心是处于苍凉的、无温度的、死寂的状态；另外，生命能量又是萎缩与坍塌的状态，极难与他人建立起健康的、充满爱的关系，包括她的亲人乃至朋友。

在一个健康的家庭中，父母心中是充满爱意和热情的，他们会带着欢喜去满足孩子，带着热情去回应孩子，带着爱意去呵护孩子，这样孩子就会慢慢地带着自信或者理直气壮去向他人寻求帮助、去接纳爱、去热情地回应他人。但如果父母缺乏热情，对孩子的好是努力刻意地做出来的，那么孩子即便事实上被满足了，仍会觉得像伤害了父母一般，于是会产生愧疚感，以后尽可能地不给父母添麻烦，而在人际关系中，也不会主动地去向他人寻求帮助，对人也难以焕发出热情，显得冷漠。

露西自小就是一个乖孩子，在父母眼中，她是听话、懂事的。

据她回忆，自己1岁时便被送到托儿所，在那里过得并不好。她的妈妈曾引以为傲地对身边的朋友说："我女儿露西在2岁左右就会乖乖地坐在凳子上面喝药；3岁多就会帮着大人照顾弟弟，帮我做家务；她的学业也从未让我费过心。"而实际上，露西曾向朋友说："那时候，不是自己想乖巧、懂事，也不是不怕喝苦药，不是自愿地想去照顾弟弟，帮大人做家务。而是怕妈妈不要我，怕我一直会待在托儿所里。不是我想乖，而是不敢不乖。现在长大了，和妈妈的关系一直不够亲密，平时如果没有重大的事情，几乎不会主动去寻求沟通，和他人也难以保持亲密的关系，极为痛苦。"

内在情感的死寂，难以焕发出热情，都是因为童年链接感的匮乏。冷漠的、难以与他人建立亲密关系的人，其心灵往往是处于关闭状态的，里面充满了黑暗，既不让阳光照进来，自己也绝不走出去与人互动，难以向人焕发出热情。所以，他们总与孤独相伴。

另外，冷漠的人，会在社交活动中假装出努力对别人好的样子，但这时，他们会产生付出感。因为他在付出的过程中，难以享受到付出的那份愉悦和快感，即便是他的意识上极为慷慨，也会有极强烈的付出感。所以，常会听他们抱怨：自己对别人做出了怎样大的牺牲，却换不回来一点回报；自己是如何帮助他人，却没获得对方一丝的感激之情。

那么，这种由原生家庭造成的个性冷漠者，该如何自我治愈呢？

其一，与原生家庭和解。

当你发现自己的冷漠是童年时期爱的匮乏所造成的，切勿去产生怨恨之心，这是自我治愈的首要障碍。应该客观地去理解父母，每个父母都不是完美的人，他们在养育你的时候可能也会迷惘，没有科学的经验可循。同时，他们也有自己的创伤要处理，所以，学着去接纳和理解你的父母，这也是打开你的心结、让爱的阳光照进来的必需步骤。

要知道，消除内在的冷漠，关键是要把自身的热情激发出来，而这只有在和谐的生命链接中才能达成，而我们接纳父母，选择与原生家庭和解，也是建立和谐生命链接的过程。

其二，与内在的那个缺爱的小孩对话，并去安慰他。

内心冷漠的原因在于在向父母索取爱时得不到而产生了绝望情绪。这个时候，我们就要与内在那个缺爱的小孩进行对话，并且去安慰他。比如你可以闭上眼睛，用心感受当初那个缺爱的小孩是怎么样的，然后给予他安慰、鼓励和拥抱。

同时，在现实生活中，你也一定要学会善待自己，以弥补童年缺失的爱，学会体察自己的情绪，接纳和拥抱自己好的与不好的方面。要积极地给自己的生活找点乐趣，只有不断地去接触快乐，才能更好地清扫内心的阴霾。找到自己满心欢喜的生活方式，人的心情才能长久地开怀起来。要知道，寻求他人的关爱不如自己动手去满足自己。

其三，大胆地走出去，主动与其他生命建立良性的链接。

冷漠源于内在情感的死寂，我们必须通过有效的方法去唤醒你内在的热情。对此，心理学家弗洛姆说："必须让他找到一条新的道路，激发他'促进生命'的热情，让他比以前更能感觉到生命活力与人格完整，让他觉得活得更有意义。这是唯一的道路。"而要唤醒心底的热情，就要主动与其他生命建立良性的链接。对此，心理学家武志红说："链接就是善，使心灵呼应与活在当下是至善，而切断链接会产生黑暗。"与你建立良性链接的，可能是你的孩子、爱人，也可能是你的同事，也可能是其他陌生人，当你发自内心地去鼓励他们，伸出你的双臂去热情地拥抱他们，你内心的热情便很容易被激发出来。然后，你会在这些充满爱的良性的关系中尽情地爱，不会再觉得自我在付出。当你的热情流动起来以后，便能够享受到付出的那份愉悦和快感，这便是生命力。这时你会体验到，谁付出谁索取，谁对谁错，真的没那么重要了。

讨好型人格：每一次讨好，就是在弱化"自我"

讨好型人格，即指一味地去讨好别人，而忽视自我感受的人。他们说话处世考虑事情，出发点只有一个，就是要讨别人高兴。在人际交往中，他们的唯一目的就是竭尽全力让对方高兴，任务无法完成，拥有讨好型人格的人便会陷入困境，突然间变得混乱起来。讨好型人格通常对别人的情绪极为敏感，别人有任何一丝不悦或者心情阴云，他们都能够敏锐而快速地捕捉到。然后，他们会觉得自己有义务让他们高兴，似乎别人的不高兴都是自己表现不好造成的，他们非常害怕别人对他们有不好的评价，为了维持住别人对他们好的评价，他们必须保持高度的警惕性，时刻关注别人，为了是赶在别人指责自己时，及时调整自己，让别人对自己感到满意。因为这一点，他们会自动地在与别人的关系中，将自己放在满足别人的位置上。也正是这点，他们活得很累、很压抑，委屈和抑郁，甚至极为愤怒。

另外，拥有讨好型人格者，在面对别人的要求时，很难拒绝别人，即便他们意识到别人的要求可能不合理，他们也不会拒绝，因他们害怕一旦拒绝，就会招来对方不好的评价。在他们心里会认为："我根本无法决定自己的事，而必须依赖别人的判断和对我的评价才行。"正如日本作家太宰治在小说《人间失格》中所说的那样："我的不幸，恰恰在于我缺乏拒绝的能力，我害怕一旦拒绝别人，便会在彼此心里留下永远无法愈合的裂痕。"

在人际交往中，拥有讨好型人格者，很容易丧失原则和守住自己的界限。为了赢得别人的高兴，任凭别人无限制地触犯自己的底线而做不出任何的反抗。比如，有的讨好者任凭别人跑到自己的生活中来指手画脚，对自己指指点点，即便内心不舒服也做不出任何的反抗。另外，他们也容易突破别人的界限，希冀着别人为他们过度负责，期待建立过度亲密的关系，但同时常常因为别人不能满足他们的期待而受伤，所以，他们在人际关系中经常感到痛苦。

讨好型人格形成的原因是多种多样的，但多数与童年的经历有关。从心理学的角度分析，讨好型人格的本质是低自尊和低自我价值所带来的。这与其生长的原生家庭有关，比如父母本身就是讨好型人格者，他们的自尊和自我价值感都很低，通过不停地教育自己的子女去讨好别人以获得生存，久而久之，孩子也便养成了过度地委屈自己以讨好他人的交际方式。再比如成长在一个有控制欲的父母的家庭中，孩子的一切必须要围着父母的需求转，他们不能有自己的意见和自我。当孩子表现优秀时，父母就会高兴，便会全力地满足孩子的需求。当孩子表现糟糕时，父母便表现出不高兴，或者对孩子进行极为严厉的惩罚，如斥责、训斥甚至打骂等，逐渐地，孩子内心的声音便会完全被泯灭，而成为只依赖大人评价的傀儡，孩子便也变得胆怯和畏缩，不敢表达自己的需求，同时会觉得自己必须讨好父母，只有讨好父母，自己才有好日子过。成长于缺爱和关注的家庭中，如自小父母不在身边，他们为了赢得周围人的爱和关注，便只有费力地讨好，长大后便养成了讨好型人格。

赵梅有一个不太快乐的童年，因为在她2岁的时候父母离异，然后母亲改嫁，至今都不知道母亲的下落。而爸爸后来再婚，没有精力照顾她，就将她放在了爷爷奶奶那里。爷爷奶奶尽管对她极为疼爱，但在她7岁的时候，两人先后都离世，之后她就在县城的寄宿学校读书，很少回家。每次回到父亲的那个新家，她总觉得家人对她淡淡的，几乎感受不到什么温暖。为此，在她的意识里便形成了"没有人爱"的意识，这个残酷的真相让那个正渴望爱与关注年纪的她是无法接受的。于是，她便开始向相反的方向努力，她渴望赢得身边所有人的爱。她向亲人、同学和老师索取爱与认可，她特别努力地学习，竭尽全力地讨好他们，想尽办法赢得他们的认可与称赞。她曾向朋友说，自小读书的目的，既不是为了追求知识，也不是想获得独立思考的能力，而纯粹是讨爸爸和老师的欢心。有很多次，朋友在酒吧喝酒唱歌，打电话叫她过去送钱买单，这事摊在别的女孩身上，一定会严词回绝，但她居然不敢拒绝，颠颠地跑过去。与同学在一起，她总是显得小心谨慎，生怕有一点惹得他人不高兴。但是，还是没有人愿意真正和她做朋友，因为她对于人际关系中的负面信息也显得太过敏感。比如，大家在一起玩，有时候会开她的玩笑，说她长的虎牙真是难看，她便会由此不高兴几天。

赵梅一直在试图逃避"没有什么人爱我"的人生真相，但这个真相不在别处，就在她的心里。那么，无论走到哪里，这个真相都会紧紧地跟随她。于是，她越想否认这个真相，就会对获得别人的关注和爱就越是执着，同时对别人的不爱也越敏感，常常是别人一点不爱她的信息，就会触动她的潜意识，让她不得不去暂时面对这个人生真相，这一直是她最害怕的。所以每次不得不去面对时，她就会极不开心，并对别人产生怨气。

结果，她特别地努力地讨好别人，但别人都特别地抵触她，不愿意接近她，她连一个朋友都没有。而她的表哥也回忆说，尽管她当时看起来很乖巧，嘴巴也够甜，但很多亲戚就是不喜欢她，因为总觉得她身上长满了刺。

后来，她开始陷入绝望，真正觉得"没有一个人爱自己"，她悲伤极了，痛哭一场。自那后，她开始接纳"没有一个人爱自己"的事实，慢慢地，她感到不再那么痛苦了。以前的她总是会费力地讨好别人，将焦点放在别人身上，但此后她便再也不去讨好任何人了，而是将焦点放到了自己身上。她的内心发生了改变，而她的人生也随之发生改变，她的人生态度越来越积极，她的朋友也越来越多，她的那场痛哭后的彻悟给了她力量。

赵梅讨好型人格的形成与其原生家庭中未能获得足够的爱密切相关。她费力地讨好别人，一方面单纯地只是为了填补她内心对爱的渴望，另一方面也是为了掩盖"没有一个人爱自己"的真相。但她太过敏感的个性也让她的讨好未获得好的回应。后来，她痛哭时的表现，实际上是在承认了"没有一个人爱自己"的真相，这份觉察力反而让她获得了力量。她开始学着放下，放下执着的幻想，放

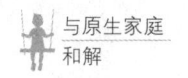

下加诸别人身上的虚妄，使自己得以治愈。

要知道，一个人自我疗愈的前提，就是要先觉察到"真相"。就像一个人患了一种疾病，你必须先了解其产生的"病因"，才能对症下药，药到病除。另外，了解"真相"是自我接纳的前提，也是与自我达成和解的前提。对于拥有讨好型人格的人来说，只有像赵梅一般，在认清真相后，放下自我意识中的幻想，放下加诸别人身上的虚妄，如果此时产生恐慌，就任由恐慌进行；如果此时产生悲伤，就任由悲伤流淌。最终，我们就会在某一时刻或某一瞬间，彻底拥抱自己的人生真相，才能真正地达到自我疗愈的目的。当然，这是根本之法，但在现实生活中，要走出讨好型的人际模式，我们还需要进行一些实际的行动。

其一，要有站起来的意识。

拥有讨好型人格的人，一定要明白：外界在评价一个人时，更多会考量这个人的能力因素与对他人的价值。如果你不懂得提升自我能力，而将精力用在讨好别人身上，时间久了，别人便容易看不起你、忽视你，因为你对别人会越来越没有价值。所以，对于你来说，与其费力地讨好，不如树立让自己站起来的意识。这里所谓的"站起来"是指，你要尊重自己的需求、自己的渴望与个人的意愿。同时，在合理的情况下，别人应该尊重自己有这些渴望和要求，因为自己配得上。无论在怎样的情况下，都要勇于去捍卫自己的这种权利，而不是把这种权利拱手让给别人。

其二，"站起来"的下一步就是有胆量和勇气为自己负责任。

讨好型的人之所以总是将自己放于弱者地位，是因为他们总是想抛弃或者逃避自我责任，他们不想为自己的人生承担责任，也不想冒险，他们只想依赖于自认为的强者。然而这个世界的真相是，没人可以为别人的人生负责任，这也无所谓强者和弱者，只有自己可以为自己的人生负责任，这也是每个人逃不脱的责任。既然逃脱不掉，不如直面责任和挑战，勇敢地去承担它，而一个人的能力和勇气也会在这种承担中得到锻炼而一步步地强大。

其三，意识到原生家庭对自己的禁锢和塑造。

多数人讨好型人格的形成与原生家庭都有很大的关系，所以要治愈自己，先要去觉察自己的原生家庭，是父母的哪些行为导致自己形成了如今的个性，然后才能有意识地去纠正自己的思维和行为模式。比如一个被否定过多的人需要重新去看待自己的早年模式，去审视一下自己内心那种渴求他人认可的模式是不是早年不良的教育模式引起的。如果你是因为早年未能获得认可，所以对获得认可有贪婪的渴求，那是因为你在极力地弥补早年的缺失，而你如果一直被这种缺失所捆绑，就会严重地影响自己的成长和外部关系。

当然了，要走出原生家庭对自我的禁锢，就一定要摆脱原来塑造的一些舒适区，突破自我的恐惧区，比如原来觉得一旦有人对自己不满或者差评，自己就感觉天要塌了，便有灾难发生了。那么，不妨尝试去试几次，看看即便是我引发了别人的不满或者差评的情况下，看看天有没有塌下来，你所幻想出来的"灾难"有没有真实的发生。

我们要清楚地知道，你内心的那些恐惧更多的是父母行为导致的结果，但现在我们面对的对象是世界上的其他人，并不是人人都像自己的父母，一旦不符合他们的需求或评价时，就会遭到严厉的斥责。就算遇到过斥责自己的人，你也要意识到，自己是个成年人了，不再是个孩子，有自己独立的意识，完全有能力捍卫自身的利

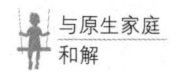

益和观点。

其四,要知道,别人对你的喜欢和接纳并不是建立在你必须做些什么的基础上。

讨好者都有一个根深蒂固的思维模式,那就是我必须顾及对方的感受,必须为对方做什么,对方才会喜欢我。这种思维的背后是无法接纳自己,无法真正地爱自己和肯定自己所造成的。交际场上的真相是,你无须在意别人喜不喜欢你、是否接纳你,你只要自己喜欢自己、接纳自己,你便会发现许多人会接纳和喜欢你,因为即便还存在一些不接纳或不喜欢自己的人,那也不是什么大不了的事。

对于讨好者来说,你讨好的行为越多,将独立"自我"成分扼杀的也就越多,可以说你的每一次讨好,都是对"自我"的践踏,就算你赢得了许多人的"好感",最终还是无法成为一个幸福和快乐的人。所以,当你试图去讨好别人时,不妨提醒一下自己:这个行为,是在践踏和弱化"自我",我一定要做一个窝囊畏缩的老好人吗?还是勇于喊出自己的需求,为自己顶起一片天,痛痛快快地自己做自己的主人?

回避型人格的形成:自尊受挫的小孩伤不起

生活中有这样一种人:遇事不能直接面对,总爱回避,有能力不足感,害怕社交,对负面评价极其敏感。他们有极低的自尊心,个性又敏感,总是担心自己被人拒绝,所以在患得患失中,很难与他人建立关系。在心理学中，这些表现被称为"回避型人格"。在平时生活中，拥有回避型人格的人，都不大愿意与人打交道，因为他们总是害怕批评、否定或排斥。在亲密关系中，因为害羞或害怕被嘲讽而总是表现得极为拘谨，内在有深深的自卑感，觉得自己能力不足或缺乏吸引力，或会觉得自己低人一等，所以不能积极地与人尤其是陌生人发生良好的互动。实际上，回避型人格产生的主要原因是自我封闭，而他们自我封闭的目的是为了自我保护，避免受伤害。形成回避型人格的原因是多种多样的，但多数情况下，与早年在原生家庭中经常被父母训斥或嘲讽是密切相关的。比如一个人在童年时期，如果经常受父母的嘲笑或训斥，孩子就会将这种屈辱经历内化，形成极为消极的自我意向，认为自己是不值得被爱的，也不相信自己会真正地得到他人的爱。所以，他们对外界的嘲讽极为敏感，总是在他人面前显得极为自卑，不愿意主动接触他人。

今年刚读高中二年级的苏珊，有一个关系特好的朋友丽莎，两人自小到大都是同学。但是自从读了高中，苏珊与丽莎的关系逐渐冷了下来，同时苏珊的成绩没有以前那么好了。此外，她时常会觉得丽莎总在有意无意地攻击她。在班级里，每次在她认真学习时，这位朋友总是时不时地与其他同学在一旁讨论"只靠死记硬背在高中已经过时了，我对那种靠死记硬背考出来的几分根本不在乎"这些话，让苏珊觉得很受伤，她觉得是丽莎故意说给她听的，是在有意无意地嘲笑她。在此之后，她们两人的关系也逐渐地开始疏远。最近，她们两人的座位被老师调得更近了，在无形间苏珊更在乎这位昔日的老同学对自己的看法，这让她每天都生活在痛苦中，而且这已经极为严重地影响到了自己的学习成绩，她不知道自己该如何去解决这个难题。另外，苏珊还有其他方面的问题，比如她独立上台说话会感到脸红，曾紧张到声音颤抖。每天总是熬到很晚才睡，白天醒来会担心当天的学习效率下降，担心失眠会影响自己的健康，并且越是这样想，越是难以摆脱这种困扰。

实际上，苏珊曾向她的朋友诉说过，自己的童年过得并不愉快。她有个极为严厉的父亲和母亲，每次她犯错或学习成绩下滑时，都会遭到父亲和母亲极为严厉的训斥。苏珊曾记得，在她上小学时，有好几次，由于她的学习成绩下滑，父亲和母亲竟然当着很多亲朋好友的面当众训斥她，说她考试分数低，真是件丢脸的事，照这样混下去，长大后只配回老家种地，这严重地伤及苏珊的自尊心。据苏珊回忆，那时候听到母亲当众羞辱她，她觉得自己无地自容，恨不得有个地缝儿能让自己钻进去。还有一次，一群同学到家里来给苏珊过生日，因为苏珊在厨房不小心打翻了一个菜盘子，被妈妈当着众多同学的面用极为恶毒的话语训斥她，让苏珊极为难堪，从那之后，苏珊再也不愿意请同学到家里来，也不愿与其他同学有过多的交往……

很显然，苏珊属于典型的回避型人格，而且她这种性格的形成与原生家庭父母对她接二连三的羞辱有极大的关系。在生活中，很多父母都认为，小孩子不懂事，可以随意对待，随意打骂。实际上，孩子无论在怎样的年龄段都有着极强的自尊心，当遭到大人的训斥，尤其是大人当众训斥或嘲笑孩子时，其自尊心便会被严重地挫伤。长大后，就容易对来自外界的"伤害"变得异常敏感、自卑。就像苏珊一样，父母早期对她尖刻的训斥，极大地挫伤了她的自尊心，让她对昔日好友的话变得极为敏感。其实，那位好友可能不是在说她，但她自认为对方是在嘲笑她。

自小被父母伤过自尊的孩子，像苏珊一样，内心会变得极为脆弱，对外界也会产生排斥，并会扩大别人对自己无意的伤害。在人际交往中，除非确信自己会受到欢迎，否则，他们根本不愿意与人交往。他们不愿与人交往的原因是自我保护，害怕自己被伤害。在遇到困难或人生难题时，他们几乎不会主动去克服困难，也从不愿意冒险，轻言放弃是人生常态。早年，父母因为没能很好地帮助他们树立强的自信心，让他们缺乏解决问题的能力，所以在生活或工作中，他们表现出来的状态就是怕麻烦，其实他们也不是怕麻烦，而是对自己解决问题的能力缺乏信心，所以就索性当鸵鸟。他们有深深的自卑感，在做事时，总觉得自己不行，所以产生恐惧心理，继而逃避。对于他们来说，只要有一点点的逃避空间，他们是绝对不会主动出来面对问题，承担属于自己的人生责任的。

那么，在现实中，拥有回避型人格的人，该如何走出"阴影"，活出自我呢？

其一，与内在受伤的"小孩"和解。

拥有回避型人格者，要去主动察觉造成自己痛苦的真实原因是什么。如果察觉到自己的痛苦源于原生家庭中所受到的屈辱，那么，你就要连接那个曾经受伤的"内在小孩"，让自己真正地感受到那个曾经受伤的自己，也就是主动扒开伤口，允许当初的"创伤"浮现。

然后就是倾听，允许内在那个受到屈辱或嘲讽的小孩发出自己的声音。那个受伤的小孩可能很情绪化，比如愤怒、自怨自艾、无比委屈、充满恐惧和忧虑等，这时你要允许你的"内在小孩"去表达自己的情感与情绪，而不是予以制止或批评。同时，要给予其安

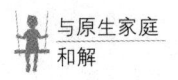

慰和激励。

其二，多让自己参与社交活动，解除自我封闭的状态。

心理学疗愈的方法是帮助受伤者揭示其心理症状产生的根源，并找回在无意识中起作用的自我力量。具有回避型人格者，主要表现是通过自我封闭以免受伤害。而根据行为心理学的疗法，具有回避型人格者，可以采用社交技能训练和自我暴露疗法，逐渐地增加社交行为，以达到疗愈的效果。多参与社交活动，有助于改变回避型人格者的思维认知，消除他们内在对社交的消极想法，增强其内在的承受能力，有助于建立积极的自我形象。

其三，正确认识自我，提高自我评价。

具有回避型人格者，其内在有深深的自卑感，形成自卑的主要原因在于不能正确地认识自己和对待自己。因此要消除自卑心理，必须从改变自我认识入手。要善于发现自己的长处，肯定自己的成绩，不将别人看得十全十美，也不把自己看得一无是处，认识到他人也会有不足之处。只有提高自我评价，才能提高自信心，克服自卑感。

当然，要消除自卑感并不是件易事。首先要正确地认识自卑感的利与弊，提高克服自卑感的自信心。在现实生活中，一些人总将自卑看作一种有弊而无利的不治之症，因而感到悲观绝望，这是一种不正确的认识，它不仅不利于自我自卑心理的消除，反而会加重。心理学家认为，自卑的人不仅要正确认识自己各方面的特长，而且要正确看待自己的自卑心理。自卑的人往往都很谦虚，善于体谅人，不会与人争名夺利，安分随和，善于思考，做事谨慎，一般人较相信他们，并乐于与他们相处。指出自卑者的这些优点，不是要他们保持自卑，而是要使他们明白，自卑感也有其有利的一面，不要因自卑感而绝望，认识这些优点可以增强生活的信心，为消除自卑感奠定心理基础。

另外，在遇到事情想要逃避时，可以进行积极的自我暗示和自我鼓励，相信事在人为。当面临某种情况感到恐惧或自信心不足时，不妨自己给自己壮胆，对自己讲："我一定会成功！一定会的！"或者不妨自问："人人都能干，我为什么不能干？"如果怀着"豁出去了"的心理去从事自己的活动，事先不过多地体验失败后的情绪，你的自信心便会增强，慢慢地便可以消除自卑心理了。

孤僻者的哀叹：归属感缺失的结果

生活中，有这样一群人，他们总是离群索居，个性孤僻，无法与他人建立亲密关系，而且对别人总是缺乏必要的信任。从心理学角度分析，这是一种缺乏归属感的典型表现。这里所谓的归属感指的是个人感觉被别人或被团体认可与接纳时的一种感觉。美国著名人本心理学家马斯洛提出的"需要层次理论"认为，"归属与爱的需要"是人的重要心理需要。而一个人如果缺乏归属感，主要是指其感受不到自己与其他人之间的关联。用通俗的话来说，就是缺乏亲密的人际关系，总是使自己保持离群索居的状态，不让自己属于任何人或者团体，也不让他人属于他自己。在生活中具体的表现就是孤僻、不合群。

乔治是一个长相帅气的男性，是纽约一家金融机构的职员。表面上看起来光鲜体面的他，内心却充满了痛苦，主要是他发现自己根本无法与他人建立良好的亲密关系。他已经28岁了，既没有知己朋友，又没有恋人，而且从未与一位女性展开过恋情。为此，他也经常参加各种社交活动，而每次他都是与人保持表面的热闹，而无法与他人建立更深的、情感上的链接。这让他感到孤独异常。而他回忆起自己的童年生活，似乎一直是与父母居住在一起的，而且父母一直既爱他又从未过分地干涉过他的自由。

后来，他走进了心理咨询室，在心理医生面前，他说他脑中经常出现一个画面：自己从一个家到另一个家，不停地来回穿梭，这个画面一出现，他便会忍不住地忧伤。

通过极为详细的了解，乔治内心的答案便显露出来了。原来，他的父母每天都为了事业奔波，他们都是纽约的成功人士，有属于自己的家族企业，而且父母的很多亲朋好友都在企业里上班。乔治出生后，父母谁都无法天天照顾他，家里又不愿意请保姆照料他，于是父母便想出了这样一个办法：父母的一些亲朋好友，谁有时间，就顺便帮着照料一下他。照料他的那个人如果没时间，就会把他转给另一个人。就这样，乔治经常被从一个家送到另一个家。虽然这些朋友对他都很好，但一个幼小的孩子是无法承受这种不断分分合合的，因为每一次分分合合带给他的都是莫大的伤痛。正是因为这些分分合合，他小时候其实不敢与别人建立亲密关系，因为每一次都是刚建立没多久就又断裂了，这对一个5岁前的孩子来说是难以忍受的伤痛。

缺乏归属感的孩子，并非缺爱；并非因为父母不爱他们，而是因为现实的一些局限，或一些错误的观念，当孩子幼小时，他们不断与孩子分分合合，最终令孩子内在的关系模式处于极不稳定的状态，而孩子长大后也因此会成为一个无法与别人建立稳定关系的人。这是因为，对于处于婴幼儿时期的孩子来说，妈妈或抚养者的怀抱是其最坚实的归属地，早期与妈妈建立起来的持续稳定的亲密关系，能让他们产生归属感。这种归属感，对于孩子来说就像大树一样扎根于心里，根基越稳固，他们就越有能力和底气去拥抱更为广阔的天地，走向独立。否则，如果婴幼儿在早期没能与妈妈或抚养者建立长期且稳定的亲密关系，就像乔治一样，被不同的人抚养，所建立起来的亲密关系不断断裂，会让他产生极深的恐惧心理。小时候无法宣泄这种恐惧，只有将它们压制在了心中。等成年后，与他人交往时，这种恐惧便会被激发，促使他们无法与他人建立深层次的亲密链接。对于归属感缺失者来说，不与他人产生亲密感，是早年产生的一些自我保护机制，即避免让自己陷入分离的痛苦。

瑞典著名心理学家爱丽丝·米勒认为，一个人内在缺乏归属感，与其早年的一些经历有密切的关系。比如，一些年轻父母生下孩子后，因为工作太忙了，于是会把孩子送给老人带，时间宽裕了，再把孩子接回家来团聚，忙了，就再送走。这样会对孩子造成难以逆转的伤害，总是经历分分合合的孩子，长大后很难对他人建立信任感。再如，成长于一个拉帮结派家庭中的孩子，父母在孩子面前都彼此说对方的坏话，想将孩子拉到自己这一边。这个时候，孩子的归属感就会成为问题。当母亲想把孩子接到自己这一边时，便会极力地贬损自己的父亲，以杜绝孩子归属于父亲那一边。而当父亲想将孩子拉到自己这一边时，他通常也不允许孩子归属到母亲那边去。

更有甚者，当孩子的母亲对父亲不满意，进而扩大到对孩子父亲整个家族不满意时，母亲也不会允许孩子对他父亲的整个家族有归属感。当孩子到了青春期，想去结交朋友或者异性朋友时，一些父母出于对孩子学业或安全考虑，而千方百计地进行阻拦，不让孩子走入他们的同龄人，同时也会警告孩子，不能归属于他们的同学或者同龄的伙伴。当孩子的归属感被父母打乱，他们在长大之后，就会无法融入集体，也无法从他人那里找到归属感，从而无法建立亲密的关系和安全感。又如，一些孩子自小经常被他人轮流抚养，刚与一个人建立了亲密关系，却被迫分开，然后再被迫被另一个抚养，这也会造成一个人归属感的缺失。另如，孩子在很小的时候就被迫几次搬家，几次更换学校，被迫与一拨拨的小伙伴分离，也是导致一个人归属感缺失的主要原因。

一个内心缺乏归属感的人内心是难以真正地感受到幸福和快乐的。有一个故事，说的是在街头的拐角处，警察巡街时发现一名醉汉，就过去询问，到了跟前发现这是本地赫赫有名的大富翁，便说要送其回家，谁知道富翁说自己没有家，警察指着那一幢富丽堂皇的地方说，那不是你的家吗？富翁头也不抬地答道，那不是我的家，仅仅是我的房子。可见，丰裕的物质并不能带给人多少快乐，而幸福和情感需求才是人生的终极目标，因为它能让人产生归属感。

那么，对于归属感缺失者来说，如何通过自我疗愈的方法，让自己拥有归属感呢？

其一，与内在那个"受伤的小孩"对话，去接纳和安抚它。这是安抚好内在自我，达到自我疗愈的前提。

其二，安抚好你的内在自我，要努力与他人建立亲密链接。

作家罗兰·米勒在其著作《亲密关系》中指出，重建自我归属感，都需要努力与他人建立和维持亲密的人际关系，尽管这对那些归属感缺失者来说是件难事，但也要克服自我竭尽全力去做到。我们每个人需要的亲密关系无须太多，几个便可。归属需要得到满足后，我们建立人际关系的阻力就会降低。人际关系的质量比数量更重要，可以说：一个顶一万个！

其三，懂得自我接纳。

日本心理学家水岛广子在《我们都是一样的孤独：接纳自我，给心找个立足之处》一书中指出："所谓的归属感，很大程度上取决于一个人能否真正与周围他人建立关联，同时真正接纳原原本本的自己，这关系到一个人的尊严。所谓自我接纳，就是要面对真实的自己和'素颜'的内心，'现阶段的我就是这个样子，虽然还有一些需要改进的地方，但这是我在经历了各种事情之后形成的状态，这个状态是最真实的'……所谓的归属感缺失，其实反映出一个人在自我接纳上存在问题。如果做不到自我接纳，一个人无论身处何地，都会感觉自己其实不属于这里，或者认为自己不如别人。如果一个人怀疑自己不受欢迎，其实也就失去了归属感。"

事实上，一个人的归属感与他的自我接纳程度成正比。或者说，"归属感"几乎约等于"自我接纳"，两者根本就是同义词。"自我接纳"，是找到"归属感"的关键。

一个能够做到充分自我接纳、包容认可自身优缺点及性情禀赋的人，他的内心会始终保持平和自信，他充分理解、觉察和悦纳自己，面对外部环境动态变化挑战及他人的评判时，他内心始终会保持从容不动，不受环境及他人左右而轻易否定自己、苛责自己甚至抹杀自己，这样的人面对任何人生境遇都会拥有内心平和宁静与心灵归属感。

"悲剧"的重演：你为何总是重复同一种"苦难"

"每次春节回家，前三天还能和爸妈好好地相处，大家相互尊重，说话客气，一家人能融洽地度过。而三天后大家就仿佛都开始卸下了某种'伪装'，家里的每个人都开始相互指责、相互抱怨，就开始盼着假期早点结束。为了提前逃离，我甚至不止一次地改签过返程车票。"

"已经经历了四次恋爱，每次与前任相处，我都是付出最多的那个人。我总是害怕对方会离开我，所以会拼命地对对方好，但换来的总是相同的结果：被分手。尽管每次与异性交往时，我都会努力说服自己，不要过度付出，但最终还是忍不住会重复以前的错误，将对方从自己身边'吓'跑！"

"我父母的婚姻充满了痛苦，两人总是三天两头吵架，父亲脾气暴躁，有时会对母亲动手。而我自小就认定，决不允许这样的事情在自己身上重演。后来结婚了，尽管我小心翼翼地经营着自己的婚姻，可到头来，自己还是陷入了父母的婚姻模式里！"

……

在你的生命里，可能也有过类似的体验：过去尤其是在原生家庭中所感受到的一些痛苦经历，总是会不受控制地再次在我们当下的生活中重复上演。那些曾经遭遇不幸的人，往往更容易再次遭遇不幸，一种痛苦总在自己的生命中反复出现，比如，那些在原生家庭中受到过虐待的人，也在成年之后更容易成为被虐待的受害者，也更可能在后来发展出自虐的行为。弗洛伊德将这种表现称为"强迫性重复"，这种重复的本质是一种"强迫"，即：它的发生往往不受个体意识所控制。那么，一个人总是会不断地重复一种痛苦体验的心理机制是怎样的呢？

一种原因是：因为自小在原生家庭中习惯了一种行为模式，长大后，他要在那种熟悉的行为模式中寻找安全感，尽管那种行为模式给人带来的是痛苦。

弗洛伊德指出，出现"强迫性重复"的另一个原因可能是一个人在童年时期的原生家庭中体验到痛苦后，他们无法处理或者宣泄这些痛苦，就将它压抑在了自己的潜意识中。等后来成年后，当发生与童年时期相似的情景时，便会激发出他潜意识中的这些痛苦，此时的他们会用行为替代自我意识去重复那些痛苦，这时人们的内心便不能再感受或觉察到这种痛苦了。用通俗的话来说，当潜意识的痛苦被激发时，人们更愿意用行动上的痛苦去掩盖意识上的痛苦，这可以让他们获得暂时的安全感。

邦妮是一位37岁的妇人，曾有过三段婚史，而且她的前两次婚姻都堪称不幸，两任丈夫都有极为严重的暴力倾向，常常把她打得鼻青脸肿。熟悉她的同事和朋友都曾经对她的遭遇深感同情，对她前两任丈夫的粗暴行为极为痛恨。因为邦妮真的是一位贤妻良母，她不仅长得漂亮，而且非常能干。当她第三次结婚时，她的朋友们认为，她的不幸终于可以到此结束了，因为她的第三任丈夫苦恋她

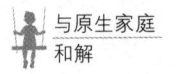

多年，对方还一再发誓说一定会好好地疼爱她，绝不会令她再受一丁点儿委屈。

邦妮与她的第三任丈夫结婚的头两年还算甜蜜，虽然曾有过冲突，但都在丈夫的忍让下化解了。可两年后的一天，邦妮突然哭诉着给她周围的朋友们打电话，让他们过来，因为她又被打了，这个自称会爱她一辈子的男人，居然这么快违背了自己的誓言，难道男人都是表里不一，嘴里一套，行为上又是一套？难道自己的命真的这么苦……

几位朋友赶到了邦妮的家中，看到她坐在地板上呜呜地哭个不停，而丈夫则是蹲在旁边，不停地哀求她的谅解。看到朋友们都过来，丈夫诉说道，自己绝不是故意对她动手，只是当时自己的情绪真的是失控了，一拳打在她脸上。但把她打倒之后，他便后悔起来，内心惶惶不安，自己也未曾意识到竟然变成了一个对女人动粗的渣男。

来的那些朋友根本不听他的解释，都在纷纷指责他。而其中一位朋友曾是心理咨询师，她没有过多地谴责邦妮的丈夫，而是耐心地询问，引导他将事情的所有细节都讲出来。原来，两人确实因为一些家庭琐事发生了冲突，接着邦妮的情绪有些激动，就与丈夫发生了更为激烈的争吵。争吵到最激烈的时候，邦妮便质问自己：你是不是想打我，像我父亲打我母亲那样？丈夫说，怎么可能呢，我从来不跟人动手，更不会对女人大打出手。邦妮又说道：你就是想打我，我早就看出来了。你和我的前两任丈夫一样，都是粗暴的狂徒，你们男人都一样，过来啊，你打我啊，打啊，你不打我，就不是男人……

就这样,在争吵中,邦妮多次重复上面的话。突然间,丈夫便失控了,便挥起了拳头,等醒过神来,发现她已经躺在地上。

当朋友们听到邦妮的丈夫这样的叙述后,大家纷纷默不作声了,不再纷纷谴责他,而是觉得邦妮的心理出了问题。

从表面上看,邦妮的丈夫确实对她动了手,但是,如果仔细梳理这一过程,便会发现,是邦妮的心理出了问题,错不全在丈夫身上。邦妮有个不太和谐的原生家庭,她的爸爸曾经对妈妈动过手,这曾经让她产生过深深的痛苦,那时幼小的她无法处理这种痛苦,将其压抑在了潜意识中。后来在结婚后,当与丈夫发生冲突时,她的脑中便会呈现出爸爸打妈妈熟悉的模式,那种痛苦的感觉便会被激发出来,那种痛苦是她所无法承受的,她便用行为上的痛苦来掩盖意识上的痛苦。于是,她用语言不断地激发丈夫的愤怒,逼对方向自己出手,以此来掩盖被激发出来的意识层面的痛苦,以获得暂时的安全感。这也告诉我们,被不断重复的人生悲剧,很可能其根源并不在别人身上,而是在自己心里。

那么,在现实生活中,我们该如何让自己停止这种重复性的痛苦呢?

其一,寻找内在找原因,接纳原生家庭中所感受到的痛苦,而不是去压抑和否定它。

弗洛伊德认为,人们总无意识地重复过去的负面行为模式,可能是因为人们对最初痛苦感受的压抑和否认。即通过行为的重复来逃避痛苦的感受。然而,这种被否定和压抑的内心痛苦,即便表面上被重复的行为所替代,它们也并不会彻底地消失。这个时候,我们就要懂得进行自我觉察,去深挖童年时期所受的创伤,不要去否认与压抑它，而是要去接纳它，正视它的存在。只有这样，那些真正的原因才会回到自我意识的层面，我们才会不仅仅看到重复的行为，而是看到自己究竟为何而重复。

我们只有克服童年时期否认与压抑的痛苦，才能让自己有意识地去纠正自己的行为，才能让我们在进入一段新关系的时候，将此时此刻的关系与重复性的行为区分开来，意识到哪些无意识的反应可能来自过去，而不是眼前的这个人。比如，上述事例中的邦妮，当与丈夫发生冲突，并且体验到痛苦时，她如果能意识到这种痛苦可能源于童年时期父亲打母亲时被它压抑下来的，而不是源于当下与丈夫发生争吵而产生的，那么，她可能就会有意识地控制自己的行为，就不会有后面的一系列悲剧了。

其二，如果你是因为在原生家庭中习惯了负面的行为模式，为了寻找安全感而去重复那种模式，那么就要努力以重构内在系统、更新自我认知、改变自我行为等一系列的方式去治愈自己。

孤独者的"独舞"：不停工作是为了逃避空虚感

在生活中，我们经常会遇到这样一些人：他们一味地追求成功，不让自己有丝毫的停歇，似乎只有让自己处于工作状态才不会让心灵陷入空虚中。久而久之，感觉自己的身体被掏空，难以感受到生活原有的快乐与幸福感。实际上，一味地让自己陷入忙碌、不断地追求成功的心理机制是一种循环：我们不断地按照一个固定的模式奋勇前进，但其实是为了逃避内心的一种空虚感。而我们在忙碌的过程中，便能享受到成功带来的富足、荣耀和羡慕的眼光，让我们内心充满了享受。然后，一旦进入这个循环，便会发现，自己根本停不下来。一旦停下来，一种莫名的受伤感便会袭来，而那些所有的外在的荣耀似乎都没有一点力量，可以抵挡这种感受的袭击。于是，他们宁愿每天都像高速旋转的陀螺一般，不停地为工作拼命忙碌。但这种忙碌，只是为了避免自己陷入空虚感和痛苦的感觉。造成这种心理现象的原因是多种多样的，但是有一种空虚与原生家庭密切相关。

今年已经38岁的玛丽是位成功人士，她最享受和感兴趣的事情就是工作、赚钱。几十年的工作生涯，尽管让她赚到的钱，足够可以让她后半生过得富足而安逸了。但她停不下来，因为一旦停下来，她的内心便会陷入极大的空虚中。这种感觉让她感到痛苦异常，而要逃避这种感觉，就是让自己投入拼命工作的状态中，然后赚到更多的钱。当口袋里的钱不断地积累时，她能获得一种安全感。

最让她痛苦的是，如今的自己经历过几段恋爱，都以失败告终。原因是，那些与她相处的男士都无法忍受她机器一般地去工作，丝毫没有任何生活情趣。玛丽也苦恼极了，她想让自己松弛下来，但一旦不让自己忙工作，就会陷入极大的空虚中，紧接着巨大的罪恶感和愧疚感便会袭来，她曾经也恨透了这样的自己，却对这样的自己无能为力。

对玛丽来说，任何情感的表达都是极为棘手的难题，尤其是柔情脉脉、爱意缱绻的那种。每次与男士相处，都想让自己表现得足够有情趣，但每次聊天，总会把话题牵到工作上去，然后大家就兴趣全无了。唯一让她感到骄傲的便是她的工作，她大学毕业后便到这家大公司工作，从一个普通员工一路晋升，到如今的总监职位，玛丽也是拼尽了全力。很多时候，她总能牺牲掉自己周末的时光去投入工作。实际上，从很小的时候她就开始这样了。在家中，她是家里的老大，在她6岁的时候，妈妈患了一种慢性病，长年躺在床上。爸爸为了维持家里的生计，拼命在外打零工，每天都是早出晚归。那时候的玛丽要照顾两个弟弟吃早餐，为他们准备午餐便当。晚上放学回家，其他小伙伴都在院子里玩耍嬉戏的时候，玛丽多半在家里做饭或者打扫，尽管那时候她极为强烈地渴望到外面玩耍，讨厌做家务，但她觉得自己有义务帮助爸爸分担家务，照看妈妈。

对玛丽来说，孤独充满了她的整个童年时光。那时的她不过是个孩子，却常让本该由父母承担的重担压得她喘不过气来。迫于家庭的压力，她正常的童年生活被剥夺了。在小伙伴们在外尽情地释放孩童的天性的时候，她却要在家里，代替父母成为"小大人"，没有时间玩耍，整日因为糟糕的生活状况充满忧虑。既然自己的需求得不到回应，她便学着干脆否认自己有需求这回事，以此来对抗孤独感与情感的缺失。

她除了要照顾两个弟弟，还间接地成为妈妈的"家长"。她每天必须按时回家让妈妈按时吃药，让妈妈开心。她说，童年时期的自己每天都会想如何才能让妈妈开心一点儿。年幼的她本该充分享受母亲的爱与呵护，她却承担了看护妈妈，于是那种生活的无力感经常让她陷入莫大的恐惧中……

对于玛丽来说，驱使她不断投入工作的心理原因有二，一是工作可以让她逃避因为童年生活与爱的缺失带给她的持续性的空虚感和孤独感,也是为了逃避过早地承担"大人"对生活的焦虑感和无力感,这让她觉得只有通过不断地赚更多的钱,才能应对现实生活的焦灼与无力感。另外,不断地投入工作也强化了她长久以来所抱定的信念:无论多么努力也不为过。玛丽内心幻想着,只要自己投入了足够的时间,就一定能证明自己是个能干而有价值的人,证明自己可以把一切做得很好,就可以对抗和应对现实生活所带来的种种压力。二是童年时期的玛丽既没有时间,也没有合适的角色榜样供她学习,学习如何去爱别人以及如何接受别人的爱。她在个人成长过程中,汲取了太少的情感滋养,于是,她便索性地关闭了自己的情感之门。可不幸的是,成年后的她发现自己无法将它再次打开,即便她也渴望与男士建立亲密关系。

孩子来到世界上是为了感受爱和尊重的,他们拥有最基本的、不可剥夺的权利:衣食住行的需求得到满足、安全感受到保护。但是,除了物质方面的需求外,他们也是需要情感上的呵护和抚慰的,这就要求原生家庭中的父母给予积极的回应,让他们获得童年该有的快乐与无忧无虑的生活,尽情地参与到同伴的玩闹、嬉戏的游戏中去,尽量与更多的人获得心灵上的沟通与链接,否则,很容易在成年后陷入孤独和空虚的状态中。再者,如果孩子再被赋予其不该承担的家庭责任,比如像玛丽一样,那么,他们的自我认同感便也难以建立起来。正如美国作家苏珊·福沃德所说:"当父母把家长的责任强加在孩子身上的时候,家庭中各个成员的角色就变得模糊、扭曲甚至颠倒了。被迫成为自己的父母,甚至要承担起父母的照看者,没有可以模仿、学习或尊崇的对象。在情感发展的关键阶段,失去了父母角色的榜样作用,孩子的自我认同感便会在波谲云诡的迷惘之海中随波逐流。"

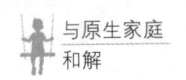

那么，对于处于这种状态的人，该如何有效地治愈自己呢？

那就要学会去拥抱孤独，切勿总以工作为借口去逃避内在的孤独与空虚感。

在生活中，总让自己陷入工作去逃避内在的孤独与空虚感，从而让自己陷入陀螺一般的高速旋转状态，如果绷得十分紧，内心的东西便被忽略、被压制住了，一旦处于放松的状态，内心的那些伤害便会冒出来，让我们陷入痛苦中。越是痛苦，越要让自己处于紧绷状态，越无法放松，从而形成了一个恶性循环。于是你会发现，你越努力、越优秀，越是无法从这种状态中挣脱。对此，印度哲人克里希那穆提有很好的描绘："先是有孤独，然后又有逃避这份孤独的执着活动。接着这份执着就变得非常重要，它操纵了你整个人，使你无法看清真相。"

实际上，孤独和空虚是每个人都会有的状态，我们要做的就是学着去拥抱它们，与它们和谐相处。对于孤独与空虚，你越是压制、逃避或与之对抗，它的力量便会变得越强，使你深陷恶性循环。与其压制、逃避或与之对抗，不如学着去臣服和接纳，使其与你的生命合二为一。从这个状态中所产生的行动是最有力量的，它可以改变你周遭的世界！当一个人开始接纳的时候，内在的积极能量便会被唤醒，进而在其积极能量的引导下，你就会柔和地去对待你的"内在小孩"，然后，你的行为和所有的意识都会融为一体，人就会在完全放松的状态下，达到你想达到的状态。

所以，当空虚感和孤独感来临时，千万不要试图去摆脱它，更不要去抗拒和否认，但凡被你抗拒、否认和摆脱的，你都无法控制。

你要试着去接纳，承认事、人或物原本的原样，不做任何否定的审判，接纳之后才能好好地控制它。

悲观者的"自证预言"：走不出原生家庭的阴影

生活中你是否有这样的一种感受：当你参与到一件极有挑战性的事情中，你就很容易变得毫无信心，在做这件事时，时刻动摇，总觉得自己不会成功。哪怕是身边的人都坚信你的实力，并且不断地给你打气，增强你的自信心，但你还是觉得自己做不到。最终，事情果真会如你所预料的那样，失败了。你终于叹了口气说道："我就知道我不行，看吧，果真失败了吧！"对于很多人来说，这件事做不到的原因果真是自己的能力不够吗？实际上，这种情况在心理学上被称为悲观者的"自证预言"，具体是指，一个生性悲观者，会不自觉地按自己内在的负面期望来行事，最终令自己当初不好的潜意识中的预言得以实现和发生。这也告诉我们，当我们渴望某件事发生的时候，会倾向于找寻更多符合该期望的信息，会不自觉地做出一些行动，使那个事情真的发生了。正因为如此，很多在原生家庭中的"受伤"者，总是难以走出原生家庭的阴影。因为相对于成年后的"伤害"或"痛苦"，人在未成年之前的伤害或痛苦更刻骨铭心和让人无奈。

张欣因为父亲沉迷赌博，家里长期处于被人追债、母亲四处借钱生活的艰难处境，她发誓自己绝对不会找一个爱赌博的男人。却不料自己还是爱上了一个沉迷赌博的男生，本来痛下决心要离开他，但每次看见到他缺钱，说要悔改的可怜模样便开始不忍心，最终还是结了婚，开始重蹈母亲的覆辙。

她说："大概是受原生家庭的影响，这辈子都难以摆脱像我父亲那样的人。"

对于张欣来说，她最后的那句话直接表明，她一直在自证预言：因为受原生家庭的影响，所以她觉得自己会像母亲一样。即便明明拥有离开的选择，她还是会选择留下来受尽折磨，最终告诉自己："我说得没错吧，我是走不出来的。"实际上，张欣的这种行为，也是自小父母"相处模式"，久而久之在她心中不断"内化"的结果。当她断定了自己人生的可能性，就会对另一种可能性的发生放弃努力，甚至潜意识在阻止另一种可能性的发生。尤其是当她看到男友悔改时的可怜模样，她便像母亲一样选择忍耐，最终不断地重复母亲的人生，用实际行动践行她的"预言"。

还有一种"自证预言"的发生，是因为害怕"受伤"而形成的一种自我保护机制。尤其是在早期原生家庭中所受到的伤害。比如，父母总是对孩子进行言语上的嘲讽或打压，那么，他就真的认为自己不行，于是遇到挑战的时候会自动放弃，免得让自己再次受到打压；比如，一个有被父母抛弃经历的孩子，成年后，他就很难与人建立起信任的亲密关系，可能还会因为害怕被人抛弃，而对那些追求者予以拒绝，于是便用实际行动在践行"没有人爱我"的自我预言。

今年快30岁的虹，长相漂亮，身材高挑，但至今还未经历过一段恋情，这让她很是焦虑。在上大学时，她身边也不乏追求者。可每次，当她发现班级里的哪个男孩子特别喜欢自己时，她受宠若惊，一方面是不敢置信地欣喜，另一方面却是一种隐隐的惶恐。

"那是一种怎样的惶恐呢？"朋友问她。

"我，我担心他和我一有接触，就不再喜欢我了。"虹回答说道。说完这句话，她流下了眼泪。

她无比地渴望被人爱，但一旦真得到了爱，立即就会担心被抛弃。并且，她知道被抛弃的感觉是多么的可怕，而最可怕的就是以突然而至的方式被抛弃，对方不说理由，忽然就变脸了，就远离她了。

这种不可预见的被抛弃，带来的痛苦实在太大了，为了减少这种心理上的疼痛，她会先主动放弃。这样一来，等被抛弃的事情再次发生时，她产生的难过感就会减轻许多。

这里面隐含着这样一条逻辑：我先放弃，先让自己痛苦，我知道别人的爱与认可，都是不可靠的，而抛弃迟早会到来。

虹之所以有如此糟糕的悲观性的"预言"，与她的生命经历是息息相关的。她只有几个月大的时候，就被送到乡下的爷爷奶奶家里，当父母想念她时，就会把她接回城里住一段时间，忙了，就再把她送回到乡下。

她6岁时，因为要上学，于是又回到城里和父母住在一起。几年时间，她与父母的关系都极为糟糕，她渴望父母能多给她一些爱，但父母觉得，她已经是大孩子了，要有大孩子的样儿，要懂事要听话。

后来，在她10岁左右时，她渐渐地感受到父母对她无微不至的爱，尤其是父亲，几次冒着大雨在校门外悄悄地接她回家，还经常带她上街给她买好吃的，悄悄地给她零花钱。她的心开始暖起来，自己内心的坚冰也正慢慢地融化。不过，意外的是，几年后，父亲却因为患上了肝癌而离世。

十几岁前的一系列不幸，令虹惧怕起快乐和幸福来，因为她发现，她的每一次幸福和快乐之后，都会伴随着一个不幸和痛苦。这个发现，最终在她内心深处扎下根来，并发展成一个非常悲观的预言。

其实，在很小的时候，虹便学会了先制造痛苦，以防御不期而至被抛弃的痛苦。比如，当她知道父母到乡下看她时，她会表现得很兴奋，然而，一旦真见到了父母，她就会冷落他们，拒绝与他们亲近。尽管这种疏远，令她也感到痛苦，但毕竟是自己制造的痛苦，比先与父母亲近然后再被父母"抛弃"，要好承受多了。

不仅如此，她对父母屡屡地"抛弃"自己有着极为强烈的愤怒。然而，她又不敢表达这种不满和愤怒，父母也不容许她表达。整个家族都不能接受晚辈对长辈表达不满，他们也认为，他们是处于为女儿好，才将她送到乡下去的。但是，对虹而言，她的被抛弃感是无比痛苦的，这种痛苦是切实的，她因此产生的愤怒也是真实的。

被抛弃所带来的痛苦，她可以通过先制造痛苦来减轻受伤感，但对于愤怒，她如何表达呢？她通过扭曲的自虐的方式来表达愤怒。她不能对现实中的父母表达不满，却对"内在的父母"表达不满。

当最快乐的时候，她的自暴自弃的预言，会使她做一些自伤或伤人的努力，会将事情向坏的方向推动。毕竟，自己制造的痛苦，要比被别人抛弃的痛苦，感觉上要好承受多了。

充满"苦难"的童年让虹有了一个消极的自我实现预言：我注

定会受苦。有了这个预言，她会在潜意识力量的牵引下，不自觉地去实现它。对于虹来说，当她和交往对象过于亲近，如果面临分离时，就会带来格外的痛苦。小时候的痛苦经历，让"不要与人过于亲近"成为她生命中的一个警示语。因为她若和交往对象过于亲密，分离所带来的痛苦也就越深重。为了使自己免于承受分离的痛苦，所以拒绝与人过于亲密。这种情况也可能发生在自小经历过频繁转学、搬家的孩子身上。还有一些小时候经历过父母离异，并且在离婚后父母彼此之间不相往来的孩子那里。这也告诉我们，原生家庭的消极影响，很容易让其内心形成一个消极的"锚点"，让你的内心锚定一件事或一个意念，进而你的情绪或行为就会顺应你内心的"锚点"，那么你总会找到去证实你预言的细节，最后的结果也会变成你内心所想。所以，要摆脱消极的"自证预言"对自我的消极影响，就要消除你内心所滋生的消极"锚点"。当然，这是件不容易的事。你要先清楚内心自我消极"锚点"的形成原因，比如源于原生家庭，父母的哪些行为对你产生了消极的影响，与内在的那个受伤的"自我"进行积极的对话，去治愈他。这个过程中，我们切勿一味地只沉溺于过往，或者总想着去逃离原生家庭，然后用一切去证明自己遭受原生家庭的伤害，最终只会走向自证预言的陷阱。

另外，在生活中，要懂得时常运用"正念"去消除内在的负面意识。"念"，是指一种稳定的心理状态，我们只要将思想固定在某个对象上，专注地去观察它，便称为念。而"正念"就是指有意识地观察，时刻让自己的注意力集中在积极正向的事物中。比如上文事例中的张欣，若她告诉自己一定能够走出原生家庭的阴影，当断则断，便有可能会离开那个好赌的男性，不再重蹈母亲的覆辙。

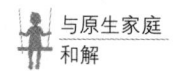

《无声告白》有句话:"我们终其一生,都在摆脱别人的期待,找到真正的自我。"愿我们能用正念去自证预言,然后走出原生家庭影响,寻找真正的自我。

敏感者的"内伤":一直暴露在外的神经末梢

"那个时候自己还太小,父母感情不好,经常发生冲突,每次听到他们吵架,心中就极为不安和害怕。有很多次,他们在经过激烈地争吵后,开始大声说要离婚,妈妈总是威胁爸爸说,要带着我永远地离开他。还有无数次,他们争吵后,妈妈就离家出走,好几个星期都看不到她……那时候的我真的害怕极了,生怕被他们抛弃,也生怕妈妈再也不回来了……如今的我已长大成人,但还是害怕与他人发生冲突或矛盾,也总是害怕被人不认可或不接纳,于是总是活得小心翼翼,别人一句话都会让我不停思索:我是不是哪里做得不够好?是不是哪句话说错了?……那种感受真的痛苦极了!"

"自小成长在不和谐的家庭氛围中,每天放学回家都战战兢兢的,总是会在课堂上猜测父母今天的心情如何,自己该做些什么才可以让父母开心……这种心思一直伴随着我的成长。后来参加工作了,与同事相处时,总是充满了担忧和焦虑,别人不经意的一句话便会让我思考很久,看到朋友圈带有情绪的话,就认为对方是在故意特指自己,轻易地对号入座,甚至在公司看见两个同事窃窃私语,就会主观地认为对方一定是在说自己的坏话,不然,为什么不和自己一起说……他们早上上班时的脸色不好,我都会联想到是自己的过错……"

"在父母眼里,我就是个'错误'的代名词,因为在他们眼里,我无论做什么,做得再努力再出色,都会遭到他们的否定甚至斥责和嘲讽……我做什么都战战兢兢,从来不敢去挑战自我,生怕做错被他们训斥……这种状态一直持续到现在,如今的我一遇到麻烦或事情,就会陷入极大的恐惧和焦虑中,哪怕是在别人看来不起眼的小事,我都会忧虑得整夜睡不着觉……"

以上是内心敏感者的自述,也许我们身边也有类似于他们的人,长了一颗敏感脆弱的心,稍一碰就"破碎"。他们感觉敏锐,对外界有着超强的悲观反应,遇到一丁点儿不顺心的事,就在内心酝酿出情绪风暴,心中很容易滋生出恶、恨、忌妒等一系列的负面情绪。同时,他们极容易因为别人的话语而心生忧虑,别人不经意的一句话便会让他们思索很久,别人一个无心的动作便会让他们思索对方是在说自己的坏话,是在针对自己,很轻易地对号入座……当然,一个人个性敏感,并不是天生的,而是后天一系列的因素形成的,尤其是不和谐的原生家庭氛围是滋生敏感个性的温床。比如那些自小生活在父母争吵环境中的孩子,总是被父母否定、训斥和嘲讽家庭中的孩子,自小缺乏爱、父母总是回避或忽视他们内心感受的孩子,长大后就很容易变得敏感和自卑。不和谐的原生家庭,父母不够稳定的情绪,突如其来的家庭变故等,都会导致孩子长期处于紧张的情绪中,他们总是患得患失,总是会猜测父母今天的心情如何,自己做些什么才可以让父母开心,如何才能不被父母抛弃,如何才能不让他们分开……他们一直不停地思考,为了体察家庭中的一切,

171

他们的神经系统必须高度紧张，久而久之，便形成了脆弱与敏感的心理。

今年35岁的安妮是一家企业的职员，是个极为敏感的人，所以总是极难结交到好朋友。如今的她都工作好多年了，但对别人讲的所有的事情还是过度敏感。在平时的生活中，她说自己根本无法按照字面意思去理解别人说出的话，总觉得对方在有意无意地嘲笑、讽刺或针对自己。在工作中，同事的一句无心的话，便会引得她难受好几天。尤其是领导跟她谈话时，她总是会想东想西，忍不住去猜测领导话语的背后意思，不仅白天想，而到了晚上躺在床上还是忍不住会去瞎琢磨……总之，任何事情都能想出一些不好的可能性，无尽的焦虑、煎熬和痛苦总是围绕着她，真的觉得自己已经撑不住了。

在谈及自己眼下的经历时，安妮表现得很坦诚，但当心理咨询师问及到她童年的经历时，她却表现出沉默的态度。后来在心理咨询师温和的试探和引导她，她才勇敢地说出了自己以前的经历。她说，自己对童年最深刻的记忆就是父亲对她的嘲笑。父亲是小学代课老师，总是希望自己的孩子能智力超群，学习成绩能名列前茅，可小时候的安妮是个反应有些迟钝的女孩，学习成绩总是不佳，这让她的父亲很是难以接受。于是，便总是嘲笑她说："你的智商那么低，一定不是我的女儿！""看看你，怎么那么愚蠢，动物都比你聪明！"……那时安妮只有不到10岁，让她很是受伤。对于那个时候的她来说，在挨打和嘲讽之间，她说自己一定会选择挨打，因为挨打后的伤痕是看得见的，至少还能招来其他人的同情；但是责骂则会让人内心受伤，关键是寻求不到外界的任何安慰，甚至根本没有人将那些伤害放在心上,他们以为一个小孩子没有记忆,也不会将那样的话放在心上。可对于安妮来说,那种被侮辱和否定后精神上的撕裂感真是让人难以忍受。

身为父亲的嘲弄对象,安妮竭尽所能去掩饰自己无能的感觉。在被父亲不断"否认"的环境中长大,安妮做什么事情或说什么话都可能是战战兢兢、不自信的,为了避免被父亲嘲笑或讽刺,她的神经末梢一直都是暴露在外的,在这种持续性的紧张环境中,安妮总会觉得有人要伤害和羞辱自己。她的过度敏感、羞怯以及对别人的缺乏信任也是她努力保护自己不受到伤害的必然手段,但同时也是毫无效用的办法。

在现实生活中,多数家长教育孩子,会忍不住说一些贬损他们的话,对其外表、智力、能力或作为人的价值进行语言上的攻击,比如他们会在心情不好的时候骂孩子长相太丑,根本不像自己亲生的,骂孩子愚蠢、没用等。人在发火的情况下,很容易忽视孩子的内在情感,不会考虑到孩子的自尊心,也无视自己频繁的言语攻击对孩子的自我意识所产生的长期影响。他们会觉得他们的侮辱和谩骂没对孩子产生多大的影响,但是孩子在成年后会变得自卑、敏感,这会对他们融入社会以后的人际关系产生极为不好的影响。

那么,在现实中,个性敏感者如何通过有效的心理干预去疗愈自己呢?

其一,用理性的"内在成人"来摆脱"内在小孩"的控制。

一个人的"内在小孩",是其性格组成的一部分。由于这种性格特质,是通过童年经历和先天气质形成的,所以心理学家称之为"内在小孩"。而这个"内在小孩"的角色,在很多时候决定了我们的感受与行为方式,即便是在长大之后,我们还会形成一个"内在成人"的角色,而且对于一些问题的发生,也会有极理性的思考,可是我们仍旧被"内在小孩"所操控。因此在生活中,很多人都会觉得:"身为成年人的我这些道理都懂,但仍旧改变不了自己。"由原生家庭带来的个性敏感者,正是受困于"内在小孩"这个角色所形成的一系列要求和准则,然后一直以此去生活,但敏感者却从来不自知。所以,在生活中,敏感者可以通过"内在成人"这个角色去调整这一切。比如,当有人在窃窃私语,你觉得他们是在说你时,这是你的"内在小孩"在控制你,当你意识到这些时,你要及时调动你的"内在成人"来纠正这一看法,你可以告诉自己,"他们窃窃私语是他们的事,自己又没做什么损害他们利益的事,那根本不关我的事,我也不必去过于忧虑"。再如,当老板找你谈话,只是交代了一下你下一步需要改进的工作方向,这时你可能会觉得老板对自己以前的工作表达不满,"是不是要找借口辞掉我了呢?"这是你的"内在小孩"在控制你,这时你可以立即调动你的"内在成人"来纠正这一看法,你可以告诉自己:自己以前的工作虽然不出色,但也并没有犯什么错,老板为我指路,就是希望我能把工作做得更出色,接下来我只需要持续性地改进自己的工作,为公司创造效益,一定会获得老板的青睐的……你如果能坚持一直这么做,久而久之,你就能够扭转身上的敏感特性。

其二,做真实的自己,全面地接纳自己。

高敏感度的人通常是低自尊者,他们对自己的能力不够自信,缺乏安全感,总是怀疑自己是否足够优秀,是否能获得他人的接纳。这种怀疑和担忧的本质无法接纳真实的自己。对于个性敏感者来说,你要清楚地知道，每个人都是不完美的，包括自己在内，自己的敏感主要源于对自身条件的不满，因为这种不满才会让自己不断地打压或否定自己。所以，我们要消除这些疑虑，就要接纳自己的不完美、不够优秀，接受自己与期望中的落差。当然这并不意味着不求上进、不思进取，而是能在努力的过程中认识到自己在一点点地进步，从而获得自信。虽然自己还未达到期望的样子，但自己逐渐地慢慢变好。

其三，大胆把自己内心的感受说出来。

个性敏感者，总是喜欢对别人的言行过分地进行解读，一旦解读出不好的信息，就会产生不好的心理感受。而解决这一问题的办法就在于，你要大胆地将你内在的心理感受说出来，让别人知道。比如别人开玩笑说："你怎么不说话呢？难道是表达力欠佳？"

这个时候，你不要去过度地猜测别人是在鄙视你还是关心你，而是大胆地表达自己的感受："我觉得没有必要表达就不说话了，你尽管表达你的观点就行了呀！"

大胆说出自己的心理感受，让别人知道你的想法，你也更进一步知道别人的想法，这样信息就会表现得更具体，你也没机会把信息放在心里让自己去分析。

其四，懂得移情，停止纠结。

当你因为敏感而产生一些灰暗或消极的想法时，就要懂得移情，即让自己的注意力转移到其他想法上去。切勿让自己长时间地陷入一种想法当中，因为当我们专注于一个想法时间越长，大脑就会不断地搜集相关的一些"证据"去佐证这个想法，加深我们对于想法的感觉。所以，在生活中，当你发现自己深陷于一种想法时，那就

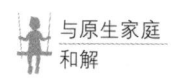

让自己暂停，学着去转移注意力，找些其他的事情或去思考一些有助于个人成长的想法。

总之，对于敏感者来说，一定要懂得正确地爱自己。无论别人如何不理解你，无论别人如何看你，这些都不重要，重要的是你一定要学着去爱自己，去接纳自己，去做真实的自己，尽力去找到自己所热爱的事情并投入其中，建立属于自己的价值，找到自己的存在意义。当你成为更好的自己时，所有的关于他人的看法或对你的态度等都会变得无关紧要！

"强迫症"者的纠结：如何重新夺回对生活的控制权

"小时候经常因为字写得太不规范而被父亲责罚，于是，每天放学回家被父亲监督着写作业便成了我最恐惧的事情，生怕字写得不够规范被他训斥……父亲的严厉促使我练就了如今的一手好字，但它也让我患上了严重的强迫症。生活中，每当看到别人字写得不够规范，便会难以忍受，有时候还会迫使自己去为别人修正，这一度也让我陷入紧张的人际关系中……"

"妈妈是位医生，自小给我规定了极为严格的卫生习惯，并时不时地强迫我去洗手、消毒，并且总吓唬我说如果不讲卫生，就会被细菌吞掉……在这种恐慌的驱使下，让我觉得自己的手上沾有不干净的细菌，迫使我频繁出入卫生间去洗手……一直到现在参加工作，还总迫使我不断往卫生间跑，这严重地影响了当下的工作，为此领导已经找我谈过几次话了,真是痛苦极了!"

"小时候数学成绩不好,父亲为了教我计算,就迫使我去数窗户上的格子……那个方法真的让我顺利学会了加减法,但这在我心中留下了'阴影'。每天上课的时候会不由自主地去数教室窗户上的格子……直到高中,那时候的我已经不受自己的控制。我开始疑惑自己怎么会是这个样子,然后开始强迫自己不要数窗户,在发现无效之后又开始小心地劝说自己别数了,每天自己和自己讲道理,告诉自己数窗户没有任何意义。最终发现一切都无效之后,我陷入崩溃,发现自己的身体已经不受自己控制了。"

……

以上都是带有一定"强迫症"者的叙述,他们个性中的强迫症的形成与原生家庭中严苛的父母是分不开的。很显然,在原生家庭中,如果父母一方或者双方对孩子管理太过严苛,比如孩子需要什么时候睡觉、什么时间吃饭、饭桌上有什么礼仪等一系列细小环节有精确、严厉的要求,那么这个孩子在长大后很有可能会有强迫症或强迫性人格特质。对于孩子来说,他们面对父母的严苛管理,是无可奈何和充满恐惧的,为了逃避这些恐惧,他们只有绷紧神经,让自己不断地去重复一些动作,久而久之,便会成为他们生活中不可或缺的习惯。一旦生活中缺少了这些习惯,就会陷入极大的恐惧中。他们原本不想强迫自己做一些无意义的事,但又总是忍不住去这样做,因而会感到非常矛盾和焦虑。在实施反复行为之后,他们的心理上会获得安慰,但这也只是片刻的轻松,他们很快又会陷入无尽的自责和后悔之中。

很多时候,原生家庭中父母的意识、认知和观念等是孩子形成强迫个性的精神土壤。他们通过制造恐慌、吓唬等方式，迫使孩子在不停地重复某一行为，进而给他们的人生带来无尽的焦虑、痛苦和麻烦等。

今年52岁的佐恩是一位成功的商人，他家财万贯、智力超群、温文尔雅。他每天出入高档商务会所与人洽谈业务，在外人看来，他财务自由、不受约束，应该过得不错。佐恩却说："我根本无法控制自己，我只是自己生活的配角！"

原来，佐恩虽然富有，却一个人住在一个旧式的老楼里，开着一辆普通的汽车，与他的身份着实有些不符。实际上，他过着极为俭朴的生活。他平时都在公司的食堂吃盒饭，到外地出差乘坐的大多是普通舱飞机，还曾经为了占到一个便宜的停车位而在办公楼下等半个小时……佐恩说他自己有严重的省钱强迫症，这主要受他母亲的影响，尽管他的母亲已经去世好多年了。

佐恩出生于贫困地区的农村，小时候家里的境况极为不好。他的父亲去世得早，母亲独自带着他们姐弟三个生活。窘迫的生活，让佐恩一家恨不得把一块钱掰成两半花。母亲经常告诉他说："有了钱，不能随意胡乱挥霍，说不定明天灾难就找上我们了呢！"母亲的话让佐恩觉得未来他的生活充斥着无穷无尽的危险，纵然你当下拥有再多，说不定明天就会突然变得一无所有。直到佐恩后来结了婚，出来创业，生意有了好转，母亲仍旧会在他耳边喋喋不休说着各种未来充满危险的话。甚至佐恩带家人到外面饭店吃一顿饭，都会被母亲数落不懂得未来生活的凶险。那几年，佐恩都被母亲管束着，从来不敢乱花一分钱。在母亲看来，生活不是用来享受的，生活充满了很多的未知的凶险，这些凶险会让你变得一无所有。

很显然，佐恩已经被母亲传达给他的恐惧所控制了，纵然他生意做得很成功，却无法安心地享受靠自己辛苦付出换来的劳动果实。他耳边总是会回响母亲对自己的警告，就算他偶尔会冲破这些束缚为自己买些奢侈的东西，但也无法好好地享受拥有的快感。

佐恩纵然极富有，但他的意念已经在不知不觉中被母亲所控制了。母亲自小灌输给他的未来充满凶险的警告，让他不自觉地陷入节俭的行动中，尽管他已经很富有，仍旧甘愿受母亲观念的摆布。他已经被母亲对生活的恐惧感深深地束缚住了。

后来，佐恩在心理医生的治疗中，不断地挑战自己被束缚住的观念，强迫自己去采取一些新的行动。他开始直面内心深处的恐惧感，最终，他迈出了可喜的一步，那就是给自己添置了一辆不错的汽车。事后他又陷入了极大的恐惧、不安和内疚之中，但他已经学会了如何克制这些情绪。他母亲的警告仍旧会不时地回响在他耳边，但他逐渐地学会了如何将她的音量调小一点，并努力地突破自己，让自己安然地夺回对自己生活的控制权，并心安理得地享受生活。

在现实生活中，深陷强迫症痛苦中的人，应如何做到像佐恩那样去疗愈自己呢？

其一，找到强迫个性形成的根本原因。

这是所有疗愈自我创伤的前提，你必须要找出真正"致病"的根源，才能对症下药，采取有效的措施。同时，面对自我强迫的个性，你也需要明白，强迫性人格并非带给自己的全是负面的影响，至少在工作或生活中会迫使你追求完美和注重细节。如果对自己有充分的了解和认知，发挥出自己性格上的长处，便可以将负面影响转化为积极的正面影响，能使自己在工作中有更出色的表现。

其二，直面内心的恐惧。

拥有强迫个性者，与其说是被某种行为控制，不如说他们是被内心的恐惧所控制。就像上述故事中的佐恩一样，他虽富有，却仍不敢随意享受生活。实际上，他不是被母亲的警告所控制，而是被母亲施加给他的未知的恐惧所控制，这个时候，如果他能直面内心的恐惧，让自己知道，纵然偶尔去奢侈一次，自己的生活也不会真的陷入窘迫的境地。慢慢地，通过直面恐惧，不断地用行为挑战自己，那么就能夺回自己对生活的掌控权。

其三，阻断自己的强迫性思维。

拥有强迫个性者，通常会陷入强迫性思维中无法自拔，进而让自己产生恐惧或慌乱的情绪。所以，在现实中，当你陷入强迫性思维中时，就要立即阻断这种思维，比如利用设置闹钟铃声来阻断强迫思维，必要时配合放松训练以缓解焦虑。

"妈宝男"的烦恼：内心像个永远长不大的婴儿

张勋最近陷入了家庭琐事的焦躁情绪中，他的烦恼源于家里两个强势的女人，妈妈和妻子。两人都想在家里说了算，遇事时谁也不想让步，导致家中战争频发，让张勋备感烦恼。

张勋坦言，自己从小就在强势妈妈的控制下，成为一个个性温和的"好男人"，可偏偏遇到的妻子也是精明强干，和妈妈的个性极为相像。不得不说，他在用找对象的方式找了另一个"妈妈"。家里两个强势女人，遇到大事小情都想一争高下，这个脾气温和的"好男人"既不想伤害妻子，又不想让妈妈伤心，必然要两面说和，总是受夹板气。

不得不说，张勋就是个典型的"妈宝男"。"妈宝男"，即指什么都听妈妈的，什么都认为妈妈是对的，什么都以妈妈为中心。对于一个成年人来说，这是种缺乏"自我"的表现。心理学家武志红认为，一个人能成为"妈宝男"主要有个不美好的原因：在婴幼儿时期严重缺乏母爱，而对母爱的渴求便会成为他的头号渴求，这也是妈宝男会一直执着于母爱的主要原因。根据匈牙利心理学家玛格丽特·马勒的观点，6个月到3岁是孩子与母亲的分离期，在这个时间段，孩子开始逐渐有了"自我"意识，他们在不断与母亲分离的过程中，会摆脱6个月之前的"共生期"，即他们会意识到：我与妈妈不是一体的，我是我，妈妈是妈妈，我是依靠妈妈才变得无所不能。在这个时期，妈妈要给予孩子无微不至的爱与满足感，当妈妈满足婴儿时，婴儿的能量能成功地伸展出去，和妈妈建立链接。因此，婴儿从孤独的全能世界中，进入自我的世界中。同时，在这一次次的链接中，婴儿的能量得以人化。如果妈妈无法满足婴儿的需求，即婴儿感受到爱的匮乏和需求得不到满足时，他便会退化到全能自恋的共生关系中，这也意味着，婴儿难以形成健康的"自我"个体。而妈宝男的形成，便是在与母亲分离期的时候，爱和需求未能得到满足，其心理还处于6个月前的共生期。

这期间，在孩子与妈妈分离的同时，妈妈也需要与孩子进行分离。否则，妈妈会长久地在精神上依赖孩子，承受不了孩子离开自己，甚至不允许与孩子分离。当然，孩子也是会一天天长大的，而

181

且长大便意味着与父母分离。如何才能让孩子不与自己分离呢？那就是极力不让孩子长大。于是，一些父母通过溺爱孩子的方式，让孩子缺乏照顾自我的能力，也没有和其他人建立关系的能力，通过过多地干涉孩子生活的方式，达到与孩子永不分离的心理要求和依赖孩子的需求。当孩子长大需要离开家里，母亲就会感觉到失落。这样的母亲，在长期与孩子的依赖中，逐渐地丧失了自我，不知道自己是谁，自己人生的意义在哪里，当孩子离开自己时，就会有严重的恐惧感。所以，这种严重缺乏自我的母亲，会想方设法阻挠孩子走向独立，他们不想让孩子和自己有任何的界限，他们在追求一种幻觉：你就是我，我就是你。而那个被母亲掌控的孩子，便成为妈宝男。而正常的母亲，会在孩子成年后，竭力地鼓励和支持孩子走向独立，不会过多地干涉孩子的工作和生活，尤其是私人生活。

周建长相帅气，名校毕业，身边不乏有很多异性仰慕者。他在工作一年后，爱上一名普通的女生琳。当周建将琳带回家见父母时，便遭到了母亲的强烈反对，理由是琳学校不好，怕她毕业后找不到好工作，她甚至让家里的其他长辈出来劝周建与琳尽快分手。最后，在强大的压力下，周建真的与琳分手了，但由此他也陷入了极大的痛苦中。

四年后，周建又带着新交的女友回家，仍旧遭到了母亲的反对，给出的理由是，女方身体状况不好，以后会成为很大的负担。就这样，在母亲的劝说下，周建又与对方分手。母亲对自己婚恋的操控，周建受到了极大的伤害，他便不再谈恋爱。

转眼间，周建已30多岁了，母亲便开始有些着急。于是，不停地给他安排相亲对象，这让周建烦不胜烦。最终，在母亲的一手安排下,他与一个家境良好的姑娘结了婚。婚后,周建什么都听妈妈的安排,引发了妻子极多的不满,两人经常争吵,矛盾激烈……周建觉得自己时常处于撕裂的状态,痛苦极了。

周建是典型的"妈宝男",造成他痛苦的主要原因,是其精神的不独立,所以在恋情方面总是受妈妈的摆布。而他的妈妈的精神也欠独立,总是三番五次去干涉儿子的私事,是因为她可能将儿子当成了自己精神的一部分。

要知道,一个健康家庭的核心力量应该是以夫妻关系为主导,其他的关系都应该服从这个中坚力量。妈妈在孩子成长的过程中,在给予孩子爱的同时,应该在适当的时候与他们进行分离,回归独立的"自我"状态。而孩子在成年后,也应该不断地通过自我成长,与原生家庭进行精神上的切割,形成具有独立自我的个体。这样才能使他们在各自的世界中,不断地丰富自我,互不越界,互不控制。

那么,对于"妈宝男"来说,如何才能走出痛苦的状态呢?

实际上,"妈宝男"的本质问题在于精神的不独立,自我意识太弱。所以,妈宝男要想摆脱对妈妈的依赖,最重要的就是要构建属于自己独立的精神世界。这里所说的"精神独立",并非指可以不依靠任何人而活着,而是所有的事情都要由自己经过独立思考之后进行选择,并为自己的选择负责任。当然,一个要构建自己的精神世界,精神上从依赖他人到独立自主,并不是件易事,它需要在生活中慢慢地历练,比如你可以通过持续性地阅读一些心理学书籍或借助心理咨询来帮助自我探索和自我觉察,了解自己的成长过程与客体建立关系的过程。比如,在遇到问题时,最好不要去求助于妈妈,而是自己先拿主意,自己去处理。比如,主动去寻找自己感兴趣的事情，尽可能地参加或创造一些活动，填充自己的业余时间，通过这些爱好去结交不同维度上的新朋友，将自己的注意力分散给不同的人或物上面。

依赖本身是件幸福的事，而不是一件可怕的事，可怕的是我们将自己始终绑在一根稻草上，没了它便无法继续作为一个完整的个体存活。

完美主义者的烦恼：被恐惧操控的人生

"每次看到凌乱的书桌，我都浑身难受，会把书桌整理得干干净净，用过的东西也必须放回原处，我曾一度怀疑自己有完美主义倾向，从不允许做'出格'的事，总是喜欢抱怨挑剔自己。总记得小时候父亲经常把东西放在冰箱里，放得烂臭了，大夏天那个恶心的味道至今让人难忘。母亲也经常因为卫生问题与父亲吵架，父亲仍旧不改往日的邋遢样儿，母亲为此几次要和他离婚，并且离家出走好几天都不回家！为了使家中尽量保持整洁，我都会将家整理得干干净净，一丝不苟，就是害怕母亲再也不回家……长大后，这种习惯一直保持着，时常又爱抱怨自己，又讨厌这样的自己，因为有时候对自己确实也太过苛刻，这样的痛苦一直缠绕着自己！"

"父亲是位校长，对学生严苛，对我也极为严格。每次犯极小的错误或失败，都会受到惩罚，并且被持续性地不断提起，我总是背负着羞愧感和耻辱感……这也让我在参加工作后有了完美主义倾向，容忍不了自己有任何的过失,还对下属的工作百般地挑剔,我能意识到下属私下里的抱怨和痛苦,而且在私下里他们都躲着我,不敢轻易和我有任何接触……这让我痛苦极了!"

以上是两位完美主义者的倾诉,他们的完美主义个性与原生家庭有关:前者是见证妈妈与爸爸因为卫生问题的争吵而产生了深深的恐惧,为了避免被妈妈抛弃,她迫使自己将家里整理得干干净净,一直到长大成人,她已经被小时候的恐惧所控制,不由得具有了完美主义倾向,并深受其苦;后者则是因为在严苛父亲的管教下,害怕自己犯错或失败而受到惩罚而产生了完美主义倾向,他也是被恐惧所控制。

生活中的完美主义者,事事都追求完美,极力规避错误,犯错、失误,哪怕是一点儿瑕疵,都会招来他们的不快。这种追求完美的心态,在很多时候是有优势的,会给予他们强烈的动机去达成目标,将事情做得完美。但是,他们的这种苛求会在一定程度上消耗精力,常会因为一丝一毫的不完美而陷入痛苦中,也会在一定程度上导致人际关系的紧张……对错误的恐惧,导致完美主义者无法意识到错误和失败是成功路上的必经过程,他们会认为错误是不允许或者是罪恶的……对他们来说,与其是被完美主义所羁绊,不如说是被内心的恐惧所控制,而这种恐惧很多时候是原生家庭所带来的。比如对孩子要求过高的完美主义家庭,孩子一旦达不到要求,就会遭遇严厉惩罚,或者父母会表现出极度的失望,在这种恐惧的驱使下,孩子就会事事追求完美,以达到父母的期望;再比如自小被父母赋予了过高的期望,并且在不断地赞誉声中长大的孩子,因为怀有极大的优越性,所以事事都追求完美。

在父母眼里，柳青一直是家里的骄傲。小的时候，他是个极为聪明的孩子，被父母寄予厚望。柳青的父母都是生活在农村的穷苦人，他家一共有四个孩子，三个都因为成绩差而早早地放弃学业，只有柳青，自上学开始，他就是一个听话且成绩优异的孩子，每每代表学校去县里参加各种竞赛，都能取得不错的成绩。所以，他成了家里的"宠儿"。为此，父母经常以他为荣，并且强烈地指望着他能改变他们家的状况。他们也经常会当着众人的面说他是智商高超的神童，说他不仅成绩好，而且还极听话，简直就是完美儿子……在学校，他也从未违反过校规，平时为了使自己成为学校里的佼佼者，一直埋头苦读，他也是以这种方式来抵消父母对生活的绝望。他不仅努力学习，而且主动帮助学习成绩差的学生补习，这让他也成了老师眼中的完美学生……在此之后，他便是公司老板眼中完美的员工、妻子眼中完美的丈夫，甚至成了儿子眼中完美的父亲……但是，最近的他真的极为讨厌自己的完美形象了。原因是他的事业遇到了"坎儿"，让他一直停滞不前。他带领的团队正在突破一个重大的项目，他却无法集中精力。老板全指望着他能让公司再上一个台阶，但他觉得自己已经精疲力竭，使不出半点力气……对此，柳青也极为痛苦，他自己也不清楚自己为何会这般，他在别人眼中一直都是完美的人，他自己也一向是个积极进取的人，可现在完全瘫软了……

柳青自小就生活在被称赞包围的世界中，表面上看，这似乎赋予了他积极正面的影响，但事实上，柳青活得异常疲惫，他的内心藏着深深的恐惧，他害怕辜负他人的称赞，并且为了维护被称赞带来的优越感，他一直强迫自己去完成难以实现的完美目标，丝毫不敢懈怠。另外，柳青在自己很小的时候，便承担起了自己力所不能及的重任，并且以超越自己年龄的成熟让父母不再对生活绝望。所以，自始至终，他并没有被当作一个天生具备价值的人来对待，由此建立起自尊的核心。在很大程度上，他的自尊来源于外在的称赞、奖励以及分数，而不是内在的自信。很容易因为一时的犯错、受挫而陷入矛盾和煎熬的状态中。

同时，柳青的行动力或许还包含了补偿的因素，即通过让自己出类拔萃，无意识地抵消自己父母的不足。他从未让自己松弛下来。然而，许多年过去了，他在生活的各个方面都追求完美，致使其感到疲惫不堪，这也让他深陷痛苦之中。实际上，对于柳青来说，要想治愈自己，就要客观全面地认识自己，将自己从别人的期望和赞誉中拉回到现实中来，做最真实的自己，而不是为了达到别人的超高期望而再度奔波。

实际上，在经常被父母夸赞和褒扬中成长起来的孩子，比如不断被赋予天才、聪明等词语，很容易产生习惯性的优越感，这种优越感会让他们对自我的认知不足，他们对自我有超高的期待，所以，生活中很难容忍不完美的情况出现，比如受挫、失败或犯错等，这种现实的落差，就导致他们会产生罪恶感，陷入心理的煎熬。

另外，他们身上的优越感会促使他们弱化自身努力，觉得完成一件事情或达成一种愿望是极容易的，当事情完成或愿望达成后他们会获得短暂的愉悦，但不久就会脱离愉悦并意识到成功是应该的，进而进一步强化自己的优越感，弱化成功的喜悦和当事人付出的努力。当遭遇挫折或障碍时，他们又会陷入焦虑和自我质疑中，认识到自己并非天才，也并非能力过人，进而就陷入无价值感中。因为

187

习惯性的优越,再加上对事件困难程度的错误评估,完美主义者会在短暂时间内付出极大的努力以满足对成功的迫切需求,但大多数事情并非短时间内就可以完成,所以他们的习惯性优越感便崩塌,从而陷入无尽的无价值感中。

那么,完美主义者该如何通过有效的方法治愈自己呢?

其一,探究自我完美主义产生的根本原因是什么。

完美主义个性的形成原因是多种多样的,你要清楚地知道你个性中完美主义情绪是什么导致的,才能对症治疗。要知道,如果你不认清楚主要的责任方,你就会把这个重担背负在自己肩膀上。如果你一直地责怪自己、愤恨自己,你的内心也会永远充满自我憎恶,你就会不停地惩罚自己,给自己带来更大的伤害。比如,你的完美主义个性是早年原生家庭父母的太过苛刻导致的,要学着去直面内心的恐惧,去接纳和拥抱你的"内在小孩",不让自己被内在的恐惧所控制。

其二,接纳自己,与不完美的自己和解。

完美主义者对自己都有比较高的期待,他们会因为犯错而产生愧疚和罪恶感。这就要求你要清醒地去认识自己和正确地评估自身的能力,做事情前,学着去放弃对自我的高期待,并允许自己犯错。最好在犯错后,能从中吸取教训,以让自己获得成长,并在这种成长中建立属于自己的自尊和价值感。

同时,也要学着去接纳自己,接纳自己身上的不足。当然这并不是说你可以自暴自弃,你可以通过不断学习与进步,在自己感到无能为力的时候就接受现实,承认自己的局限性。不要去浪费时间做超出自身能力范围的事。同时,多去关注有意义的事情。你在达成目标过程中，要知道自己究竟是为获得一个完美的结果，还是想真正去解决问题。如果你选择后者，那就不会因为不完美的结果而枉费心机。

其三，做事时，设定目标，并且能将目标精细化。

在做任何事情之前，一定要先设定目标，因为目标不仅能指引方向，还能跟踪进度，让你清楚地知道任务已经完成，而不是为了达成完美主义让自己陷入焦虑和痛苦中。

对成功深感恐惧者：恐惧的不是成功，而是成功带来的不确定性

"父母都是生意人，每天顾不上关心、照顾我，所以在孤独中长大的我长大后变得沉默寡言，尤其不爱与陌生人交流……后来到我5岁的时候，父母做生意失败，他们也陷入了无止境的争吵之中，我的生活也被恐惧所包围，但对他们的争吵无能为力……一年后，父母离了婚，爸爸搬离了那个家，妈妈开始不停地奔波忙碌，我变得更孤独了……在学校里我没有朋友，整日与书本为伴，这也成就了我的好成绩，并如愿上了名牌大学……后来进了一家不错的单位，因为工作业绩突出深受领导赞赏，直到有一次，领导找我谈话说要委派我去国外读MBA，我却没有答应，内心有一种莫名的情绪催促自己去放弃……"

"成长在一个大家庭中，小时候家里仍旧固守着封建大家长式的

相处方式,家里的大小事都由爷爷一个人说了算,所有的小辈只有服从的份儿!……所以,自小我就害怕爷爷,不敢跟他讲话,更不敢亲近他。后来,我考上了大学,但因为我是女孩,爷爷硬生生让我辍学,说女孩学问再高,最后还是嫁人、生子……后来到城里打工,再后来独立开店做生意,门店的生意越来越好,周围的人都劝我开分店搞扩张,我却极为犹豫,不敢再向前迈出一步……"

"作为家中的独女,自小就在父母的呵护下长大,没受过半点委屈。在父母眼里,我是永远长不大的小女孩,都是衣来伸手、饭来张口……毕业后的工作是爸爸安排的,就连现在的老公都是妈妈张罗相亲认识的……所以,总是很羡慕那些毕业后离开父母到大城市独自闯荡的同学,我曾经一度对当下一眼能看到头的无聊生活深恶痛绝。一次偶然机会到一线城市的大公司投了份简历,未曾想到被面试成功。但是到临上班的前一天,我却退缩了,我觉得自己始终逃离不了自己待惯的那个小城市,逃离不开自己的舒适圈……"

以上都是对未知的突如其来的"成功"感到恐惧的人的真实感受。卡耐基在《人性的弱点》中讲过一句话:"世界上有一种恐惧,叫作'对不可预知的成功的恐惧'。"对成功感到恐惧的人,有一个特点,即在事情快要成功的时候,内心便滋生出一种情绪和理由让自己放弃,或者亲手将已经做出的成绩搞砸,然后"理所当然"地放弃。这样的人,与其说他是因为对不可预知的未来感到害怕,不如说他是因为对成功之后随之而来的压力感到恐惧。从原生家庭对人个性的影响来看,自小生活在孤独或恐惧的状态中,跟家人缺乏沟通、交流的孩子,还有自小生活在强势家长中的孩子,他们面对长者只有服从和顺从,就像上述第一与第二位叙述者,他们的内在意愿或需求得不到合理的表达，而且个人真实的意愿和需求还被压抑了下来。所以在遇到外界的各种变故时，他只会感到莫名的恐惧，内在渴望变得优秀，但他不允许自己去感受个人的意愿和需求，从而也就无从谈起面对那个意愿和需求，进而只能通过回避或退却来面对问题。

还有一种是自小生活在溺爱环境中的孩子，对"自我"缺乏正确的认知，从而不愿意走出"舒服区"，即便是轻易而得的成功，他也不敢跳出当下的生存环境。对"成功"感到恐惧，是因为他根本无法确定"成功"会给他带来什么。他抗拒成功，其实就是保有他在内心里根本不想改变的"现在"。比之"成功"所带来的种种改变，风平浪静的"现在"最能让自己获得心理上的安全感。

当然，还有一种极为强势的父母也容易造成孩子惧怕"成功"。他们争强好胜，看着自己的孩子一天天地超过自己，便产生了不安的情绪，于是就通过语言不断地去否定、斥责、嘲讽，以获得心理上的安慰或优越感。

26岁的爱玛从斯坦福大学商学院毕业后，直接到华尔街一家金融企业工作。在公司中，她结识了一些年龄相仿的同事，相处得非常融洽。由于自身条件比较优越，再加上她丰富的学识，爱玛很快就从同事之中脱颖而出。公司的领导私下里告诉她，上面已经决定，准备给她升职，让她担任部门经理。

这突如其来的消息，并没有让爱玛兴奋不已，而是令她陷入了深深的恐惧中。"如果我做得太顺利，每个项目是否真的能按时完成，是不是要被领导安排更多的任务？我一个无经验者，能带好一个部门吗？我以后会不会也像我的前任上司那样成为一个日理万机

191

的人，陪客户、带员工……这些事我能应付得来吗？我是不是会忙得没有自己的休闲时间，不能看电影、看书、周末去爬山，和朋友聚会……"这种担忧令她很想去和领导商量，是否另选一个人去担任部门经理。同时，爱玛也曾经询问过母亲的意见，母亲对她说这事太难了，说她肯定胜任不了。

在爱玛心中，"母亲一直都想让我成为完美的女孩儿。她希望我美丽优雅，有气质"。她曾向朋友说："小时候我在母亲的安排下学唱歌，如果唱砸了，她就会极力地羞辱我，命令我唱到她满意为止。她的本意是好的，可她真的伤害到了我。她会在我做错数学题的时候取笑我蠢笨，会在我弹钢琴出错的时候笑话我……母亲曾经梦想着她成为一名歌唱家，但最终因为结婚而放弃了，希望我能代替她实现她的梦想。但是我始终没有她唱得好，至少她是这么认为的。我永远也忘不了10岁时在学校文艺联欢会上的那场表演。我表演一个单人独唱节目，表演完后我觉得自己表现还不错，可母亲跑到后台，当着全班同学的面对我说：'你唱的还不如鸟叫的好听'，我当时简直要想找个地缝儿钻进去。回家的路上我一直在生闷气。她对我说，'你应该学着接受批评，因为只有这样，你才能更快地变优秀'。我以为她终于要说一些安慰和鼓励我的话了，但却听到她说：'面对现实吧，你什么事都做不好，不是吗？'"

从事件来看，爱玛的母亲似乎一直都在费尽心力要通过一系列矛盾让她的女儿感到自己无能。一方面她督促女儿在竞争中脱颖而出，另一方面她又告诉女儿她很差劲。爱玛总是感到失望，似乎自己做什么，都难以获得母亲的肯定和赞扬。

当爱玛感觉到自己表现还不错的时候，母亲就会打压她；而当她觉得自己表现得很糟糕的时候，母亲又会告诉她，她的能力也仅限于此了，不可能做到更好。有些时候爱玛想要建立一些自信的时候，却会被母亲无情地击垮，而母亲做这一切都是为了让自己的女儿变得更优秀。

实际上，爱玛的母亲其实一直都在跟自己的无能抗争。她自己的歌唱事业遇到了阻碍，或许是婚姻所致，又或许她不过是拿婚姻当借口，因为她根本没有信心去追求自己的事业。所以，她只能一方面将自己的希望寄托在女儿身上，另一方面又通过打击和否定女儿、建立自我优越感的方式来逃避自身无能的感觉。无论什么场合，她都能随时对女儿展开攻击，即便是在女儿的同龄人面前羞辱她也在所不惜，她的做法很容易让自尊心和自信心正处于敏感期的孩子受到精神上的创伤。

像爱玛的母亲这类人有可能在童年时期经历过匮乏之感，比如衣食的匮乏或者是关爱的缺失，所以无论他们现在拥有多少，他们依然会活在对匮乏的恐惧之中。这类父母中有许多人会重演自己当年与父母或兄弟姐妹之间的竞争，这种不公平的竞争给自己的孩子——爱玛造成了极大的压力。

而对于爱玛来说，母亲持续性的否定和打压在她心中已经生根发芽，即便她长大后，在工作上有出色的表现，其内心也会产生极大的负罪感。她越是成功，就越会感到痛苦。于是常常会通过放弃或其他方式来亲手破坏自己的成功。爱玛低于自己实际能力的成就是换取内心平静的代价，下意识地对自己设立了诸般限制，好让自己不去否定母亲对自己的评价，以此来减轻自己的负罪感。从某种程度上讲，爱玛是将母亲对自己的负面预言变成了现实。

那么，在现实中，像爱玛这样，对成功感到恐惧的人，该如何去疗愈自我，让自信重生，大胆地去迎接人生的各种挑战呢？

其一，直面内心的恐惧。

这些对即将到来的成功感到恐惧者，实际上是因为深入骨子里的自卑。这个时候，你就要直面内心的恐惧，要想清楚自己真正地担心什么。有必要的话，可以将它列出来，直接面对它。比如上述事例中的爱玛，她可以拿纸将自己的一系列担忧列出来：如果我做得太顺利，每个项目是否真的能按时完成，是不是要被领导安排更多的任务？我一个无经验者，能带好一个部门吗？我以后会不会也像我的前任上司那样成为一个日理万机的人，陪客户、带员工……这些事我能应付得来吗？我是不是会忙得没有自己的休闲时间，不能看电影、看书、周末去爬山，和朋友聚会……然后，让自己逐条去回答以上这些问题。如果回答是否定的，那还要进一步挖掘，自己是真的没有这些能力，还是长期以来母亲对自己否定后产生的潜意识行为。如果自己真的没有这些能力，那领导也不会提拔自己担任这个职位了。然后，通过一步步地给自己打气，获得自信心。

其二，与自己"胆怯的小孩"对话。

如果你即将获得成就时，内心便滋生出一种莫名的情绪催促自己去放弃。这说明你的内心住着一个"胆怯的脆弱的小孩"。这个时候，你就要学着与他进行对话，去疗愈和安抚他，从而让自己获得心灵的成长。

焦虑型依赖症：缺爱者的内心挣扎

"爸爸与妈妈离婚后，再也没来看过我，所以，自小我就在单亲家庭中长大，长期和妈妈生活在一起，我不觉得自己缺什么……可是恋爱后，我却总是与男朋友闹矛盾，他说我简直太黏人了。每次打电话过去如果他不接，我就会陷入慌乱之中，不停地担心他是不是出车祸了，他是不是和其他女孩在一起不方便接我电话！为了不让自己过于担心，我曾要求男友主动向我报告他的行踪，这激怒了他，果断地跟我分了手……如今的我，真的痛不欲生！"

"我生下来就不受父母的待见，因为他们有严重的重男轻女思想……从小我就渴望着早点儿离开家。大学毕业后，我就结了婚。老公比我大好多岁，事业有成，婚后他就对我说，你不用工作，我来养你，我想都没想便答应了！……可接下来的日子让我彻底陷入了空虚、恐慌与无助之中，我每天早上送老公上班，下午早早到他公司楼下接他，他如果晚上加班，我就在他公司楼下等他。时间一久，这让老公感到厌烦，说我太过于黏人……"

"刚与女友恋爱不到半年，我非常享受和她在一起的时光，每到星期天我们俩就会腻到一起。可是上个星期天，她没来找我，我内心极为失落，打电话过去，她说和闺蜜在一起逛街。我心情沮丧极了……晚上她打几个电话给我，我一直都没接，说实话，我在为她白天没陪我而怨恨她……一会儿，她打车过来找我，问我为何不接电话，我故意气她说：'不想接！'她很生气，我们吵了一架，我威胁她说分手，她二话没说，直接离开。那一刻，我真的痛苦极了，我知道我所做的一切，都是为了气她，来获得她对我的关注，她却不理解……我自小父母不在身边，跟着奶奶长大的我性格异常，爱的匮乏让我屡屡在亲密关系中受挫，痛苦不堪……"

"在印象中，父母每天都很忙碌的样子，所以我经常在父母那里被忽略，得不到应有的关照。可是突然有一天，我因患病而得到了自己所渴望的关心、照顾、陪伴和疼爱，之后不久，因为我恢复健康，父母的爱便慢慢地离我而去，我的心忽然便感到失落和伤感，我过去受忽略和不被关心的状态再次恢复到从前……这让我自小产生了这样的意识：还是生病好，生病虽然身体上痛苦，却可以换来父母的关心和疼爱，心灵上便可以获得慰藉。于是，有几年时间我经常会生病……每当看到父母为病床上的我感到焦急时，我就会产生一种莫名的幸福和快乐感……后来结了婚，老公每天都很忙的样子。我心里很慌乱，觉得他不爱我了，所以就经常会以'生病'的方式来黏着他，来检验他对我的感情……"

以上都是焦虑型依恋者的叙述。这些人都有一些共同的特点，即在亲密关系中极度渴望依赖别人和被依恋的感觉，极度渴望亲密和陪伴，要求与爱人随时保持联系，甚至要求对方频繁报备行踪。有时候，会以不回信息、电话等方式，故意引起对方产生忌妒心理，或者威胁要分手，以此来获得对方的关注；一旦对方未能够满足自我愿望，或者是感受到对方对自己关注不够时，便会感到伤心、难过、愤怒和焦虑；会为了维持彼此间的联系，而放弃自身的需要，以讨好伴侣；极为害怕被抛弃，独自一人时会觉得不自在，受到一点冷落，就会产生被抛弃的失落感和焦虑感；就像创伤的强迫性重复一样，焦虑型依恋者很容易被回避型人格所吸引。他们在与回避型人格的人交往过程中，对方的若即若离感，让自己产生的那种焦虑和不安的感觉，和小时候从原生家庭父母对自己若即若离的感觉极为相似，这种熟悉感，既让他们无法抗拒地被吸引，又让他们感到极为痛苦。

通过焦虑型依恋者的陈述可以看出，他们在亲密关系中有以上的表现，与原生家庭的缺爱有关。从心理学的角度出发，在原生家庭中，一些父母或者养育者，无法持久地满足儿童的需求。在孩子3岁之前的阶段，多数父母很容易会认为，怎么对待孩子都可以，反正他们记不住。在孩子哭闹时，他们有时候反应及时，有时候反应迟钝，一会儿去哄，一会儿便不予理会。这种对待孩子的方法很容易导致严重的心理问题，因为在孩子眼里，父母对自我需求的反应是不稳定、不可预期的，这就会让孩子陷入困惑和不安中，他们不知道该被如何对待。所以，诸多孩子在感到悲伤和愤怒的同时，选择的解决办法就是黏住大人，这就形成了焦虑型依恋的儿童在与父母互动时的应对策略。这种影响会一直延续到他们成年时期，尤其是对他们亲密关系会产生重要的影响。比如，他们从伴侣身上感受到的不是爱和信任，而是一种"情感饥渴"，他们总是希望对方能够拯救自己，或使他们变得更"完整"。尽管他们极度渴望与人亲密，但总是怀疑和恐惧对方并不想达到同等的亲密。

另外，焦虑依恋型人格的人，因为童年时期未能获得父母对自己的关注和照顾，长期处于被忽略或被抛弃的恐惧之中，这种恐惧被称为原生情绪。在一些情况下，这些人会为了保护自己免受原生情绪的困扰，可能会产生所谓的次生情绪来进行自我保护。有的人会愤怒地抗议和抗拒他人，有的人则会产生焦虑情绪，向父母发出既依赖又抗拒的信号，以此来确保对方的持续关注；还有的人会表现出冷漠无情的一面，让对方感到"我不需要你"，并以此来保护自己。这些次生情绪，会让伴侣感到你占有欲强、爱管闲事或觉得你对人缺乏信任、拒人于千里之外。由于伴侣根本不明白他们内在的心理动机，因此很难用有效的方式给予回应，而只会回应你表现出来的次生情绪。所以，拥有焦虑依恋型人格的人，在洞悉到自己内在的心理动机后，就要懂得及时与伴侣进行沟通和交流，告诉他（她）你内心的真实想法，以免矛盾重重。

凌薇和男友相处有两年了，当初她为了男友放弃了在老家考公务员的机会，因为她担心距离会将他们分开。

两年来，凌薇觉得自己已经对男友林枫付出了百分之百，却觉得男友对自己越来越冷漠了。每天下午只要一下班，她便会第一时间到林枫单位的门口等他，两人一同回到家中，凌薇还会主动下厨做他最喜欢吃的饭菜，星期天则会承担所有的家务。但这些付出丝毫不能打动对方，觉得他离自己越来越远了。于是，凌薇经常会冲男友发脾气，表现出异常的焦虑。

对此，林枫也很委屈，经常对朋友这样抱怨："我们不在一起的时候，想起她为我做的一切，确实让人很是感动。但是只要我们在一起，我就觉得特别烦她，总是唠叨个没完，在她面前我丝毫没有自己的空间。周末我很想和同事一起出去打打球、爬爬山，但是她非拉着我去逛商场；晚上下班回家，我只想去和几个好哥们儿喝点酒，可是她非要跟着我，一会儿不让我做这，一会儿又不让我动那，真是让人太压抑了！"

凌薇的闺蜜劝她要懂得给对方一点空间，这样才能让他对你死心塌地，但是凌薇总觉得自己并没有做错什么，她觉得自己那样做，无非是想给对方多一点的爱。

就这样，几个月后，林枫终于向她提出了分手，理由是：你给的爱确实太沉重了，令人无法呼吸，我实在是承受不起。面对如此沉重的打击，凌薇哭得很是伤心，苦苦央求林枫不要离开她；最终，还骂林枫太忘恩负义，自己付出那么多，却不懂得感恩……

凌薇是典型的焦虑型依恋人格，她整天黏着男友，实际上是为了追求一种稳定的安全感。她时常用愤怒和焦虑来掩饰被人抛弃的恐惧感，也常以此情绪来表达内心对于安全感和被关注的诉求。按照正常的心理发展，如果凌薇在原生家庭中获得了父母足够多的爱，那么她在与男友相处的过程中，会去寻找"自我"精神的独立，会在恋爱中充分享受愉悦和幸福的同时，会专注于自我人格的完善和心灵的成长，而不会通过去黏住男友获得安全感。这个时候，如果凌薇能洞悉到自己属于典型的焦虑型依恋人格，清醒地知晓造成这种个性的根本原因，并能与男友及时沟通和交流，让他了解自己的成长经历是如何影响到自己的，包括具体有哪些重要事情塑造了自己当下的习惯和行为，以及自己在做哪些事的时候，是自己的愤怒、焦虑或疏离情绪在作祟，同时让对方知道当你做这些事的时候，真的是内在真实情感被抛弃的恐惧，而不是对方的嫌弃、不信任或者攻击。

同时，凌薇也可以与男友分享当前他回应自己的方式，会让自己有哪些感受和想法，尤其是情绪上的反应是怎样的。当你们去共同面对，那就不会出现以上的悲剧了。那么，除此之外，焦虑型依恋人格的人还有哪些方法，去治愈自我或让自己避免在亲密关系中遭遇痛苦呢？

其一，与"内在缺爱的小孩"进行对话，并去安抚他。

具有焦虑型依恋人格的人，其根本原因在于缺乏爱，小时候自己的需求没被满足。所以，要从根本上治愈自我，就要学着与内在那个缺爱的、可怜的小孩产生意识联结，并与他进行对话，用话语去安抚他。

其二，通过小的行动慢慢去尝试和改进。

要对自我人格、情感模式和行为的自我控制，最重要的前提就是自我认知的反思。当你清楚地了解自己的问题，并知道如何形成，会有哪些习惯性的反应等，才能够有针对性地进行改变。比如，凌薇可以学着将一张纸一分为二，在左侧列举一些容易触发你焦虑型依恋的场景，这些场景里你的情绪、想法和行为；然后在右侧列举理想状况下你认为最好的、最能够安抚你被弃的恐惧，也最有利于关系的结果。最后，你可以问自己：左边的部分，右边的自己，是否真的可以联系起来呢？比如左边写的是男朋友信息不回复，你便怀疑他和其他的女孩在一起，于是你打电话过去抱怨和争吵。这样的行为，可以让他先了解到你的担忧，能够促使他自愿给予你安抚和积极的回应吗？愤怒和焦虑，往往可以在当下为自己争得更多的注意力，但是从长远来说，这种强迫性的索取，并不利于双方形成亲近和敏感的回应模式，而是会让一切亲密行为看上去都像完成任务一般。

同时，在你打电话过去，对方不接，你会显得异常焦虑和愤恨，这个时候，你可以暂时让自己停下来，试着去给他发短信告诉对方你的焦虑感又产生了，希望对方知道。而对方如果真的爱你的话，则会改之前对你的敷衍态度，会鼓励你勇敢地直面焦虑，给予你情感上的理解和支持。这样新的互动模式，会为你带来新的体验和情绪反应，慢慢地，你就会对他产生信赖感，从而让自己的焦虑一点点地减少。

狂傲者的内心：充满了深深的自卑感

苹果公司灵魂人物乔布斯在刚出生时即被母亲抛弃，被一对蓝领夫妇所收养。可这在乔布斯心中埋下了永久的"隐患"：在他很小的时候便得知自己是被人丢弃的孩子，并且在那时就偏执地认为母亲之所以狠心抛弃自己，是因为当年觉得他的出生本身就是一个天大的错误。于是，孤僻、偏执和狂傲的性情便在他心中开始发芽。为此，在3岁的时候，他便想尽办法恶作剧，他曾经把发卡放入电源插座的插孔里，仅仅是想闻一闻是什么气味。他上课从不听讲，也不主动完成老师布置的家庭作业，还在课堂上顶撞老师，为此经常被赶出教室。而且他总对其他同学不屑一顾，所以也没有人愿意与他交朋友，他的这种骄狂的个性，被人看作"怪物"。一直到大学时期，乔布斯一直都没有交到很要好的朋友。同学聚会的时候，他也总是一个人坐在角落里沉默不语。除了自己喜欢的课，他很少会安安静静坐在教室里听课。同时，在大学时期，他不仅头发和两肩齐平，而且经常赤脚，穿邋遢、破旧的衣服，借以从外表来显示自己与其他所有人的不同。此外，因为在学业上的荒废，他的成绩十分糟糕。大学仅六个月后，乔布斯决定从里德学院退学。接下来，他开始打地铺挤在其他同学的宿舍，靠捡5美分的可乐瓶来维持生活。那时候的他，每周日都会步行穿过整个城市到寺庙吃施舍的食物，这时他才能吃一顿饱餐。从这里可以看出，乔布斯骨子里都流露着狂傲的个性。从心理学的角度来看，他的这些反叛行为，是为了获得关注。童年时期的他经历过被抛弃、被忽视的糟糕体验，让他的内心像一个巨大的黑洞，极度地想获得他人的认可与关注。这也让他滋生了一定要在世界上凸显出自身价值的强烈意愿，于是，他偏执地努力，以至让他拥有了引领时代的超前成就，从而体验到了自己的存在或力量。

乔布斯曾说过："我的一切努力都只是为了让母亲明白将我抛弃是个错误。"乔布斯俏皮时候的孤僻、不合群，其实就是一种心理保护，为了防止被伤害，因为他把别人视为那个给他不安全感的世界的一部分。他搞恶作剧，是一种对抗这个陌生危险世界的"变态"形式，也含有报复成分。他穿破旧衣服之类的个性，也是为了通过表现来凸显自己，让自己受到他人的关注。这一切的心理阴影都是那个不快乐的童年所留下的。在他成年之后，他开始通过各种狂傲的行为来证明自己力量的强大。他必须做出这样子，否则，其内心深处的自卑感就会浮现出来折磨他。

生活中不乏一些狂傲者，他们狂妄自大，不将他人放在眼里，一见到人就要显示自己的优越感，他们这样做，都是为了获取他人的关注，极力地隐藏自己的自卑感。他们或许在童年时期，就有过被父母抛弃、忽视或持续性地否定、斥责等事实。因为长期得不到关注和爱，他们只有以狂妄不羁的方式来凸显自我的存在感，其内心极为敏感、脆弱和自卑。

另外，一个被遗弃的人是没有安全感的，一个没有安全感的人是没有信任能力的，一个没有信任能力的人就会产生社交障碍，所有的社交障碍实际上就是心理障碍。正如美国作家苏珊·福沃德所说："信任是我们的情感产物中最为孱弱的一种，在严酷的条件下，它通常是第一个消亡的。在原生家庭中受到伤害的人，信任感缺失是最普遍的一种。"这也是对乔布斯不善交际的心理学解读。

当然，现实生活中还有一种狂傲者，他们总给人一种貌似冷傲、强大的感觉，你和他相处会非常不舒服，他总是有意或无意地用尽一切办法，显示他的强大并令你感觉到自己很渺小。那么，你可以推断，这个人内在存在着深深的自卑感和冲突感，是其内在强大的部分在欺负他弱小的部分。

乔伊是一位企业老板，他白手起家，在创业过程中，历经了难以想象的磨难，如今的他已经是有身份有地位的成功者了。但他时常对刚毕业的大学毕业生和下岗工人大肆的攻击。他的逻辑是，这些人如此脆弱，所以活该挣不到钱，也活该被人瞧不起。

他之所以如此狂傲地攻击那些弱者，其实是特别惧怕自己会变成那样的人。在小的时候，他是个不被父母认可的孩子，自小个子矮，而且学习成绩差。相比自己，父母更认可和喜欢自己的哥哥，哥哥不仅长得好，关键是个性乖巧，学习成绩又好。所以，乔伊便成了家里的"小透明"。父母经常会给哥哥买各种学习资料和图书，而从未问过乔伊的成绩和在学校里的表现。家里有什么好吃的，有新衣服之类的,都是哥哥优先,而自己只有穿哥哥的旧衣服……曾经有一段时间,小乔伊还被送到外婆家。他曾对朋友说:"我在小时候在外婆家度过,因为太想妈妈,就偷喝清洁剂、嚼别人吐出来的泡泡糖等方式,让自己生病,以获得妈妈的关照;我还违反学校的规矩,和同学打群架,让爸爸到学校来看我……大部分时间都在冷脸冷眼、轻视责骂,以及无限的期待与要求中度过,没有感受过什么温情,我不知道被人抱在怀里被人亲一口是怎样的一种感觉……可能父母真的是爱我的,但他们不懂得表达,并且日子过得不好,精神上也太过贫瘠……"

由于学习成绩差,常年被父母忽视,乔伊很早就辍学到城市里面做生意。经过一番打拼,他终于有了自己的企业,而且企业越做越大。但成功后的乔伊则变得极为狂傲,总是看不起那些不如自己的人……他深知自己的行为让他陷入痛苦,却无力改变。

很显然,乔伊之所以会以狂傲的态度攻击那些弱者,是因为他首先惧怕自己会变成那样的人。他的人生经历告诉他,如果他变成了那样的弱者,没有哪个亲人,尤其是他身边最重要的亲人会同情他,所以他绝对不能陷入那样的境地。于是,他排斥自己柔弱的一面,看不起所有的弱者。这也说明,他内在强大的一面在欺负自己曾经柔弱的一面。而他走入社会后,拼尽一切的努力和忍受磨难的痛苦,最终获得成功,也是在与父母早年的"不认可"与"忽视自己"的态度相抗争。与乔布斯一样,他也是在通过自己的努力来凸显自己的存在感和价值感。

美国人本主义心理学家马斯洛曾说,自我实现者的一个人格特征是,一方面疾恶如仇,另一方面对人性的脆弱又无比地包容。这,才是真正的坚强，才是真正的强大。这实际是告诉我们，生活中，真正的强者绝对不会是那些从不怕疼而且总是无情地嘲笑别人缺点或柔弱的人。真正的强者应该是一方面坚强，另一方面又极为温和、极具有包容性。所以，那些表面上看起来极为冷傲、喜欢嘲笑别人的"强者"，一定是假强者。

那么，在现实生活中，一些狂傲者，该如何治愈内在的伤痕呢？

其一，与内在的不被重视的自己对话，感受自己的"内在小孩"。

要清楚，你的冷傲、狂妄、叛逆行为的表现，其内在的心理动机是什么。比如说是因为小时候未获得足够的关注和爱，通过无视别人和叛逆行为来获得他人的关注，还是因为你的父母本身就是一个狂傲者，他们在他人面前所表现出来的优越感让你也在耳濡目染的环境中变成了他们。如果是后者，你就要反思自己的行为，修正自己的意识观念，进而去改正自己的行为。如果你是前者，那就要让自己安静下来，去链接曾经受伤的小孩，去与他对话和安慰他。

其二，完全地接纳自己。

觉察自己的感受，接纳自己，接纳自己的所有优点和缺点，不要去与缺点对抗，也不要拿优点出来炫耀，允许表达自己的感受。

其三，通过专业的心理咨询来治愈自己。

如果你觉得自我治愈是个艰难的过程，那就寻求专业的心理咨询机构去寻求帮助。

好面子者的内心：所有价值都建立在别人的评价中

"经常会为了所谓的要'给人面子'的行为准则，去委屈自己做一些极不情愿的事，比如借钱给一位多年不联系的朋友、赴一场不重要的宴会、在酒桌上为了留住客户把自己给灌醉、请人吃饭为了呈现热情点一堆吃不完的饭菜……那种灭掉自己的需求与声音，而获得了一份僵硬而可怜的安宁。"

"明明夫妻感情不好，在外人面前一定要装出一副恩爱十足的甜蜜状，那个'装'的过程真的让我难受；明明心情欠佳，非要在别人面前表现出'皮笑肉不笑'的样子，很别扭；明明自身条件一般，却总是在同学面前炫耀出自己无所不能的样子，事后真的让人心虚；明明生活过得单调乏味，却总爱在朋友圈发各种图片以证明自己的生活多么丰富多彩，都是虚荣心闹的……"

以上是两位好面子者的叙述，他们都有一个共同的特点：用表面的"浮华"来掩盖真实的"自我"，因而活得极累。他们的心理行为，都不是从自己的真实感觉出发的，他们向外界呈现出的是虚假的"自我"。他们这样做的目的就是：为了获得别人的正面评价。从心理学的角度来讲，他们对"自我价值"的建立和评判都是建立在别人的评价中，而不是建立在成长过程中逐渐积累起来的内在自信力。

心理学家武志红说："'自我'有两种：一个是真自我，一个是假自我。真自我的人，其心理与行为都是从自己的感觉出发；而假自我的人，他的一切都是围绕着别人的评价而构建。真自我的人，他清楚地知道自己要什么，并且即便自己没要到什么，他仍然有一种内在的自我价值感；而假自我的人，无论他的欲望看起来有多么强，其实不知道自己要什么，他要的，都是别人要的，只是，他希望自己要得更多更好。若实现了，他就觉得自己有高价值；若不能实现，他的自我价值感便崩塌了。"很显然，常表现出假自我的人，内在自我价值感是极低的，可以说，他们的自我价值感多数时候建立在别人的评价中。低价值感的人并不是天生的，而是与后天社会影响，尤其是原生家庭有着密切的关系。那么，在现实生活中，怎样的原生家庭，会产生出拥有低价值感的假自我的人呢？

其一，不能被父母无条件接纳。

人们往往会从外在去寻找自我价值感，比如外在的成功、表面上的名利等，其实自我价值感并非来自外部，而根源于内心，来自父母无条件的接纳。

在原生家庭中，正因为父母无条件的接纳，于是"无论我怎样表现，他们都爱我，我都是有价值的"观念因此而树立。长大以后，这样的人不惧怕失败，敢于尝试，因为他们内心有满满的自信。所以，他们不会向社会呈现出假自我的样子来获得他人的认可。而没有被父母完全接纳的孩子，比如有的父母只接纳孩子好的一面，而不接纳不好的一面。具体表现为，当考试考出好成绩时，便大肆地表扬和奖励；当考不好时，便会表现出失望的情绪，不停地数落、唠叨、斥责甚至痛骂。这样的孩子长大后，会有怎样的表现呢？不敢冒险，不敢大胆尝试，内心充满了深深的恐惧感。主要是因为父母的表现让他们只接纳成功，不接纳失败。所以，孩子长大后就会在现实生活中向他人展现出自己成功、辉煌的一面，而刻意去隐藏不好的一面，也就会有好面子的表现。

其二，在情绪上没有获得足够关注的孩子，自我价值感是极低的。

在原生家庭中，如果一个小孩的喜怒哀乐都没有人"共鸣"过，没有人和你一起快乐、悲伤，合理地释放你的愤怒，在精神上，你其实是孤独的。于是你会认为自己是没有太多价值的——情绪没人理会，当然没有价值！小时的你并不懂得这是大人的过错，只会觉得，是因为自己不够好。于是，便会在潜意识里形成这样的观念："我不够好，我是不值得别人关注的，我是没有价值的。"这样的孩子长大成人后，除了胆小怕事外，还极好面子。他们内在是没有自信的，为了获得他人的承认，只会费力地向人呈现出好的一面，哪怕委屈自己也要获得他人的肯定。

其三，父母给予孩子的是"有条件的爱"。

在现实生活中，有的家长为孩子做了很多事，一心想要孩子出人头地，美其名为"要他将来有出息"，但是隐藏的潜意识可能是："别让爸妈丢脸，你要为我争光，让我以你为荣。"类似的无意识的心声还有："我要你实现我未曾实现的理想，达到我不曾达到的成就。我要你在这个世界上扬眉吐气，从而我也可以因你而扬眉吐气。""不要让我失望。我为你牺牲了这么多。""我爱你，而且也会一直爱你，只要你听话，按我说的去做。"这种做法在一定程度上剥夺了孩子体察生命的觉知力，会让他们完全活在追求外表光华的虚荣里，所以在一定程度上会很好面子。

另外，一个人自我价值感的形成，有一个关键期，即在1岁前。瑞士心理学家维雷娜·卡斯特在她的力作《克服焦虑》中写道：我们认为，对6个月内的婴儿就必须表现出爱和关注，这样婴儿才会感觉舒适并且得到很好的发展。如果孩子因太少受到关注而不安吵闹的时候，亲近对象总是不能适当地给以抚慰，那么就会削弱孩子最初的信心，而这种信心正是形成足够稳定的自我价值感的基础。

一般认为，在孩子出生后最初的6个月内，如果对孩子没有必要的爱与关注，如果不向孩子表明他是一个值得爱的人，那么孩子对这个世界的信任就会形成不稳定的基本状态。心理学家马拉泰斯塔认为，稳定的关系能力——也包括足够稳定的自我价值感——主要取决于在1岁前能否与抚养者交换快乐的感受。所以，要想使孩子拥有较强的自我价值感，就要在婴儿时期给予更多的爱和关注。否则，孩子成年后便容易呈现出低价值感的状态，很容易活在他人的价值评判体系中，难以体察和感悟到真正的人生。

一个人在怎样的状态下最自在？就是做最真实的自己，换言之，就是让"自我"呈现出最真实的状态。心理学家弗洛姆说：必须让他找到一条新的道路，激发他"促进生命"的热情，让他比以前能感觉到生命活力与人格完整，让他觉得活得更有意义。这是唯一的出路。人本主义心理学家代表人物罗杰斯说："所谓自我实现的需要，是成为你自己。"什么是"自己"？我们该如何成为自己？罗杰斯认为，所谓"自己"，就是一个过去所有的生命的总和。假若，这些生命体验我们是被动参与的，或者说是别人意志的结果、个人的行为是建立在别人的评价系统中，那么我们会感觉，我们没有在做自己。相反，假若这些生命体验是我们按照自我真实的意愿主动参与的，自我价值感不建立在别人的评价中，我们都会感觉是在做自己。这些心理学家都在一致地推崇一件事，你必须也只能从你自身的真实情感需求出发，活在自我的价值评判系统中，才能真正地获得自在感和幸福感。那么，自我价值感低、活在他人价值评判体系中的好面子者，该如何修正自己呢？

其一，提升自我价值感。

从心理层面说，好面子的根本原因在于自我价值感低。而自我价值感低的根本原因在于对获得爱的忧虑，尤其是早年原生家庭所带来的缺爱表现。所以，我们要深思自我价值感低的主要原因是什么，是由哪些因素带来的，再具体采用有效方法去治愈。比如，如果你是因为原生家庭缺爱所导致的，那最好能找专业的心理咨询师进行修补创伤。

其二，采用具体的行动提升自我价值感。

比如，每周写下七个简单的目标，每天完成目标的打钩；每天回想一天最值得骄傲的事情；告诉别人你有多么地感激他们，开朗和诚实会大大提升自我价值感；你做任何事情，都要尽最大的努力，即便是刷厕所或者其他平庸的事；学习一项新的技能或者从事一件你已经向往很久的事情，并且坚持下去；接纳自己，原谅自己的过错……去实施以上的行为，当你的自我价值得到提升，你便不会将自己的行为置于他人的评判体系中，便不会做"死要面子活受罪"的事。

其三，树立"争面子，不如靠里子"的观念。

生活中，潇洒、明朗、自由、活脱是从建立在高自我价值感基础上的"不要面子得来的"。要知道如果你更"要面子"，就要"受活罪"：明明没有钱，明明不当官没有那个权，但为了显示出自己活得比他人好，有能耐，就逢人摆阔气，装"款爷"或"富婆"，今天请吃请喝，明天喝五吆六进舞厅，面子倒是要尽了，欠下一屁股债务后，暗地里只能吃咸萝卜；明明能力不足，但就因为撕不破朋友这一张面皮，强装君子风度，握手言欢，答应帮朋友做一些力所不及的事情，最终让自己跳进痛苦的深渊；夫妻间明明已经是同床异梦，毫无感情，家庭已成为一种摆设，但一想起面子，就装出一副男欢女爱的面孔来支撑婚姻大厦，直到心力交瘁……静下心来想想，又何必呢？人与人之间应当是平等的，彼此间也只有坦诚相见，才能让友情成为一种支撑，成为一种快乐的享受。要面子其实并没有错，但是不要让面子成为自己的一种负累。认真做自己应该做的事情，不做勉强的事，因为勉强本身不仅委屈了自己，也委屈了别人，最有面子的人生就是真实状态下有所收获的人生。